Faça do Coaching um Hábito

Faça do Coaching um Hábito

Fale menos, pergunte mais e mude seu estilo de liderança

Michael Bungay Stanier

SEXTANTE

Título original: *The Coaching Habit*
Copyright © 2016 por Michael Bungay Stanier
Copyright da tradução © 2019 por GMT Editores Ltda.

Publicado mediante acordo com The Foreign Office e Transatlantic Literary Agency Inc.

Todos os direitos reservados. Nenhuma parte deste livro pode ser utilizada ou reproduzida sob quaisquer meios existentes sem autorização por escrito dos editores.

tradução: Raquel Zampil

preparo de originais: Sheila Til

revisão: Flávia Midori e Raïtsa Leal

diagramação: Julio Moreira | Equatorium Design

capa: Peter Cocking

adaptação de capa: Julio Moreira | Equatorium Design

impressão e acabamento: Bartira Gráfica

CIP-BRASIL. CATALOGAÇÃO NA PUBLICAÇÃO
SINDICATO NACIONAL DOS EDITORES DE LIVROS, RJ

S78f   Stanier, Michael Bungay
        Faça do coaching um hábito / Michael Bungay Stanier; tradução de Raquel Zampil. Rio de Janeiro: Sextante, 2019.
        224 p.; 14 x 21 cm.

        Tradução de: The coaching habit
        ISBN 978-85-431-0822-3

        1. Sucesso nos negócios. 2. Negócios – Administração. 3. Administração de pessoal. 4. Assessoria empresarial. I. Zampil, Raquel. II. Título.

19-58149
        CDD: 658.3124
        CDU: 005.963.1

Todos os direitos reservados, no Brasil, por
GMT Editores Ltda.
Rua Voluntários da Pátria, 45 – Gr. 1.404 – Botafogo
22270-000 – Rio de Janeiro – RJ
Tel.: (21) 2538-4100 – Fax: (21) 2286-9244
E-mail: atendimento@sextante.com.br
www.sextante.com.br

PARA **MARCELLA**

Sumário

Você precisa fazer do coaching um hábito *9*

Como criar um hábito *21*

Masterclass de Perguntas – Parte 1:
Faça uma pergunta de cada vez *35*

1 A Pergunta de Arrancada *41*

Masterclass de Perguntas – Parte 2:
Pule a introdução e vá direto à pergunta *55*

2 A Pergunta OQM *61*

Masterclass de Perguntas – Parte 3:
Você deve fazer perguntas retóricas? *77*

3 A Pergunta do Foco *83*

Masterclass de Perguntas – Parte 4:
Atenha-se a perguntas que comecem com "o que" e afins *101*

Uma irresistível combinação de 1-2-3 *107*

4 A Pergunta de Base *111*

Masterclass de Perguntas – Parte 5:
Sinta-se à vontade com o silêncio *129*

5 A Pergunta Preguiçosa *135*

Masterclass de Perguntas – Parte 6:
Dê atenção à resposta *153*

6 A Pergunta Estratégica *159*

Masterclass de Perguntas – Parte 7:
Demonstre que ouviu a resposta *179*

7 A Pergunta do Aprendizado *185*

Masterclass de Perguntas – Parte 8:
Use todo canal para fazer uma pergunta *199*

Conclusão *205*

Um tesouro fabuloso *211*
Agradecimentos *221*

O compositor americano Harlan Howard disse certa vez que toda boa música country é feita com apenas três acordes e a verdade.

Da mesma forma simples, este livro oferece sete perguntas e as ferramentas para torná-las um método diário para trabalhar menos e gerar mais impacto positivo.

Você precisa fazer do coaching um hábito

Todos sabem que gerentes e líderes **precisam orientar suas equipes.**

Muitos gurus defendem que orientar é tarefa essencial de um líder. São inúmeras as publicações sobre liderança que abordam o assunto. No meio executivo, a quantidade de coaches parece se multiplicar exponencialmente.

Daniel Goleman, psicólogo e jornalista que popularizou o conceito de inteligência emocional, deu início a essa popularização com o artigo "Liderança que obtém resultados", publicado em 2000 na *Harvard Business Review*. Ele defendeu que existem seis estilos de liderança. O coaching era um deles e, segundo Goleman, tinha um impacto "nitidamente positivo" no desempenho, no clima (cultura) e nos resultados no trabalho. Apesar disso, era o estilo de liderança menos usado. Por quê? "Muitos líderes disseram que, por causa da pressão econômica, não têm tempo para o trabalho lento e tedioso de ensinar pessoas e ajudá-las a se desenvolver", explicou o autor.

E lembre-se: isso foi naquela serena época em que o e-mail era uma bênção, não uma maldição, a globalização ainda engatinhava e não tínhamos vendido nossas almas para os smartphones. Hoje, trabalhando com gerentes ocupados mundo afora, minha experiência diz que, se essa situação mudou, foi para pior. Mais do que nunca, estamos todos sobrecarregados. Embora atualmente "coaching" tenha se tornado um termo comum, a prática real de orientar e ensinar equipes parece ainda não ocorrer com a mesma frequência – e, quando ocorre, aparentemente não funciona.

Você provavelmente já tentou. E falhou.

É bem possível que você já tenha deparado com alguma forma de coaching. Uma pesquisa realizada em 2006 pela empresa de desenvolvimento de liderança BlessingWhite sugeriu que 73% dos gerentes tinham algum tipo de treinamento nessa área. Até aí, tudo bem. O problema é que tudo indicava que o treinamento não havia sido muito bom.

Apenas 23% das pessoas que receberam coaching – sim, menos de uma em cada quatro – julgavam que o procedimento tivera um impacto significativo em seu desempenho ou em sua satisfação no emprego. Dez por cento até sugeriram que o efeito fora negativo. (Dá para imaginar o que passava pela cabeça dessas pessoas ao ir a esses encontros? "Estou ansioso pela sessão de coaching que vai me deixar mais confuso e menos motivado.")

Portanto, em resumo, é provável que você não esteja sendo bem orientado e que também não seja um bom orientador.

É preciso tornar o coaching um hábito, mas é comum que você fracasse na primeira tentativa. Meu palpite é que existem pelo menos três razões para isso.

A primeira delas é que seu treinamento em coaching tenha sido teórico e complexo demais, um tanto chato e fora da

Provavelmente você **não está recebendo** um coaching muito eficaz **nem está sendo** um coach muito eficaz.

realidade de sua atarefada vida profissional, a ponto de você aproveitar para colocar os e-mails em dia.

Mesmo que esses encontros fossem interessantes, eis a razão número dois: você provavelmente não dedicou tempo suficiente para descobrir como transformar as novas ideias em maneiras diferentes de agir. Assim que retornou ao escritório, foi fisgado pela rotina e voltou a fazer tudo do mesmo jeito de antes.

A terceira razão é que dar um pouco menos de conselho e fazer um pouco mais de perguntas é uma mudança surpreendentemente difícil, ainda que pareça simples. Você passou anos aconselhando e sendo promovido e elogiado por isso. Seu desempenho é visto como algo que "agrega valor", e você ainda tem o bônus de manter o controle da situação. Por outro lado, ao fazer perguntas, talvez se sinta menos útil, a conversa pareça mais lenta e você tenha a sensação de que, de certa forma, perdeu o controle (e de fato perdeu – isso se chama "empoderar"). Posto assim, não parece uma proposta tão boa.

Mas não é tão difícil. Sério.

Na minha empresa, a Box of Crayons, já ensinamos práticas de coaching a mais de 10 mil gerentes tão atarefados quanto você. Ao longo dos anos, passamos a considerar certas afirmações verdades incontestáveis.

- Oferecer coaching é simples. E as Sete Perguntas Essenciais apresentadas neste livro lhe dão as respostas de que você mais necessita.
- Você pode fazer uma sessão de coaching com alguém em

10 minutos ou menos. E, no mundo corrido de hoje, você precisa ser capaz disso.
- O coaching deve ser um *ato diário e informal*, não um evento ocasional e formal, do tipo "Está na hora do treinamento!".
- Você pode *fazer do coaching um hábito*, mas somente se compreender e usar os mecanismos comprovados para criar novas rotinas.

Por que se dar o trabalho de mudar as coisas? Por que você desejaria tornar o coaching um hábito?

Eis por que o esforço vale a pena

Tenho certeza de que você já tenta ser prestativo, contudo isso não o levou a fazer coaching com mais frequência. E a essência do coaching está em ajudar outra pessoa e desbloquear o potencial dela.

Então vejamos por que aconselhar e orientar outras pessoas ajuda *você*. Porque permite que você trabalhe menos e obtenha resultados mais expressivos. Quando você cria o hábito de oferecer coaching, tem mais chance de romper três círculos viciosos que afligem os ambientes de trabalho: criar dependência excessiva, ficar sobrecarregado e se distanciar.

Círculo nº 1: Criar dependência excessiva

Talvez você descubra que se tornou parte de uma equipe *excessivamente dependente*. Uma situação assim é duplamente ruim. Primeiro, porque você treinou sua equipe para depender demais, o que acaba sendo desempoderador para eles e

Você já tenta ser prestativo, contudo **isso não o levou a fazer coaching com mais frequência.**

frustrante para você. E então, como você foi tão bom em criar essa dependência, agora tem uma carga de trabalho exorbitante, e o bônus nada bem-vindo é que você também pode ter se tornado o gargalo do sistema.

Com isso, a energia e a motivação diminuem. Quanto mais você ajuda o seu pessoal, mais eles parecem precisar de auxílio. Quanto mais precisam dele, mais tempo você gasta ajudando.

Criar o hábito de fazer coaching ajudará sua equipe a ser mais autossuficiente por fazê-la perceber a própria competência e lhe dar autonomia, o que reduz a necessidade de que você intervenha, assuma tarefas alheias ou se torne um entrave.

Círculo nº 2: Ficar sobrecarregado
Também é possível que você se sinta *sobrecarregado* pelo volume de trabalho que tem. Não importa se você já domina todos os truques de produtividade do mundo – quanto mais rápido cava, mais rápido o buraco se enche de água. Distraído por enxurradas de e-mails e inúmeras reuniões, você corre de um lado para outro atrás de prioridades que se multiplicam e acaba perdendo o foco. Quanto mais você perde o foco, mais sobrecarregado fica. Quanto mais sobrecarregado você fica, mais perde o foco.

Tornar o coaching um hábito o ajudará a recuperar o foco de modo que você e sua equipe possam realizar um trabalho de verdadeiro impacto e, assim, direcionar seu tempo, sua energia e seus recursos para os desafios que fazem a diferença.

Círculo nº 3: Distanciar-se
Por fim, você pode acabar se *distanciando* do trabalho que de fato importa. Meu livro anterior, *Do More Great Work* (Faça

mais trabalhos grandiosos), tinha como fundamento a ideia de que não basta fazer com que tarefas sejam cumpridas: você precisa ajudar as pessoas a se dedicarem mais àquilo que gera impacto *e* significado. Quanto mais executamos tarefas sem um propósito real, menos participativos e motivados ficamos. Quanto menos engajados nos sentimos, menor a probabilidade de encontrarmos e criarmos um Trabalho Grandioso.

Ter o coaching como hábito vai ajudar você e sua equipe a reencontrar a parte significativa e impactante do trabalho. Trata-se de uma prática que os encoraja a sair da zona de conforto, ir além do que lhes é familiar, e que pode ajudá-los a aprenderem com as próprias experiências e a alcançarem seu potencial.

Assim, você se vê diante das seguintes opções: ficar atado, sobrecarregado ou resignado. Contudo, criar o hábito de fazer coaching significa superá-las com um novo jeito de trabalhar.

As Sete Perguntas Essenciais

A essência deste livro são sete perguntas que vão arrancar você desses três círculos viciosos e melhorar a forma como trabalha. Elas funcionam com seus subordinados diretos, mas também com clientes, fornecedores, colegas, chefes e, de vez em quando, até com cônjuges e filhos adolescentes. Essas perguntas podem transformar suas reuniões individuais e os encontros semanais com a equipe, seus eventos de vendas e – o que é importantíssimo – os momentos não programados, em que você simplesmente esbarra com alguém.

A *Pergunta de Arrancada* é a maneira de iniciar qualquer conversa de forma focada e aberta. A *Pergunta OQM* – a melhor pergunta de coaching do mundo – funciona como uma ferramenta de autogerenciamento para você e como um

O QUE AS PESSOAS VEEM COMO O MOMENTO DA DESCOBERTA É, NA VERDADE, **A DESCOBERTA DA QUESTÃO.**

Jonas Salk

impulso para as outras seis perguntas. A *Pergunta do Foco* e a *Pergunta de Base* tratam de chegar ao coração do desafio, de modo que você volte sua atenção para o que realmente importa. A *Pergunta Preguiçosa* lhe poupará tempo, enquanto a *Pergunta Estratégica* economizará horas de seus companheiros de trabalho. E, por fim, a *Pergunta do Aprendizado* – que se associa com a *Pergunta de Arrancada* para criar os Suportes do Coaching – garantirá que todos considerem as interações com você mais proveitosas.

Vamos começar?

Você está pronto? Tenho certeza de que está ansioso para conhecer as Sete Perguntas Essenciais, mas, antes disso, faremos um pequeno desvio e falaremos sobre como mudar seu comportamento. Afinal, só faz sentido ter ferramentas úteis se você for capaz de usá-las. O próximo capítulo, sobre a Fórmula para um Novo Hábito, trata disso. Nele, você aprenderá por que o ponto de partida para um novo hábito não é o novo comportamento, por que 60 segundos são tão importantes e como a Fórmula para um Novo Hábito pode ser seu mecanismo para uma mudança de comportamento centrada.

Como criar um hábito

O capítulo que destrincha a verdadeira ciência para mudar seu comportamento, em vez de confiar nos mitos e boatos que os outros espalham.

A mudança de comportamento central deste livro é a seguinte: fazer um pouco mais de perguntas às pessoas e lhes dizer um pouco menos o que fazer. Parece simples, o que não significa que seja fácil, e a teoria não serve de nada se você não souber colocá-la em prática. Portanto, antes de começar a falar sobre *o que* mudaria, precisamos entender *como* mudar.

Você já sabe que é difícil superar velhos comportamentos, por melhores que sejam suas intenções. Ou será que só eu passei por estas situações?

- Jurar que não vai ler seus e-mails assim que acordar e, apesar disso, se pegar com o rosto iluminado pelo brilho da tela antes mesmo de tomar café;
- Pretender encontrar a paz interior por meio da meditação, mas não conseguir parar cinco minutos para simplesmente respirar;
- Prometer fazer uma pausa adequada para o almoço, porém se descobrir sacudindo o teclado para soltar as migalhas do sanduíche que comeu enquanto trabalhava;

- Decidir parar de beber por um tempo, mas não resistir à taça de vinho que alguém lhe oferece no fim do dia.

Um estudo da Universidade Duke revelou que pelo menos 45% do nosso comportamento quando estamos acordados segue hábitos. Seria ótimo dizer que estamos no comando, mas o que se observa é que somos bastante movidos pelo subconsciente ou pelo inconsciente. É impressionante – e também um pouco perturbador.

Sempre houve muita informação disponível sobre como mudar o comportamento. Ou, mais precisamente, há um mar de desinformação que fica ainda mais revolto entre dezembro e janeiro, quando as resoluções de fim de ano ganham fôlego. Você já ouviu aquela dica que diz que, se você fizer algo por 21 dias, terá adquirido um novo hábito? Alguém simplesmente a inventou, e ela agora vaga pela internet como um zumbi, recusando-se a morrer.

Felizmente, as descobertas bem fundamentadas vêm aumentando, tendo como base a neurociência e a economia comportamental – que vêm se revelando um bote salva-vidas nos últimos tempos. Para criar um hábito novo e eficaz, você precisa de cinco componentes essenciais: uma razão, um gatilho, um micro-hábito, a prática efetiva e um plano.

Assuma um compromisso
Por que você faria algo tão difícil como mudar sua forma de trabalhar? Você precisa definir os benefícios de mudar algo que lhe parece muito familiar e eficiente (que difere, é claro, de eficaz). Curiosamente, "definir" *não* quer dizer imaginar o sucesso. Pesquisas mostram que passar tempo demais imaginando o resultado desmotiva a pessoa a pôr em prática o que

é necessário para obtê-lo. No livro *Zen Habits: Mastering the Art of Change* (Hábitos zen: dominando a arte da mudança), Leo Babauta propõe um modo útil de se conectar com o panorama geral: fazer uma promessa que envolva o bem de outras pessoas. Leo parou de fumar como um compromisso com o bem-estar da esposa e da filha recém-nascida. Portanto, pense menos sobre o que seu hábito atual faz por você e mais sobre como um novo hábito pode ajudar alguém de quem você gosta.

Descubra o seu gatilho
Uma ideia muito importante presente no livro *O poder do hábito*, de Charles Duhigg, é a seguinte: se você não sabe o que motiva um comportamento seu, jamais conseguirá modificá-lo, pois irá realizá-lo sem ao menos se dar conta. Quanto mais específico você puder ser ao definir seu momento de gatilho, mais útil essa informação será. Por exemplo: "Na reunião de equipe" é menos útil do que "Quando me pedem para falar na reunião de equipe", que é bem menos proveitoso do que "Quando Jenny me pede feedback para sua ideia na reunião de equipe". Com esse grau de especificidade, você tem o ponto de partida para criar um hábito novo e sólido.

Seja breve e específico
Se você definir seu novo hábito de forma abstrata e vaga, não sairá do lugar. Se ele exigir muito tempo, o cérebro encontrará uma forma de sabotar suas boas intenções. B. J. Fogg, em suas publicações no site tinyhabits.com, recomenda que você defina um micro-hábito que precise de menos de 60 segundos para ser cumprido. Trata-se de definir com precisão o primeiro passo – ou os primeiros – que pode levar a um hábito maior. A diretriz "Seja breve e específico" funciona particularmente

bem para este livro, pois cada uma das Sete Perguntas Essenciais se encaixa aqui.

Pratique com afinco
Em *O código do talento*, Daniel Coyle pesquisou por que determinadas partes do mundo eram berços de talentos em certas habilidades – o Brasil, no futebol; Moscou, no tênis feminino; Nova York, na música (pense na Julliard School). Um fator essencial que ele descobriu em cada um desses lugares era saber praticar bem – Coyle se refere a esse aspecto como Prática Profunda. Os três componentes da Prática Profunda são:

- Praticar pequenas partes da ação maior (por exemplo, em vez de treinar a sequência de movimentos do saque no tênis, treinar apenas atirar a bola para o alto).
- Repetir, repetir, repetir... e repetir. Faça rápido, faça devagar, faça diferente. Mas continue repetindo a ação.
- E, por fim, ficar atento e perceber quando dá certo. Quando der, celebre o sucesso. Você não precisa comprar uma garrafa de champanhe – embora possa, se quiser. Um pequeno gesto de comemoração (um soco no ar) funciona.

Planeje como voltar ao caminho certo
Quando você tropeça – e isso acontece com todo mundo –, é fácil desistir. "Já que comi uma fatia, que diferença faz comer o resto do bolo?", alguém pode pensar. No livro *Making Habits, Breaking Habits* (Criando hábitos, quebrando hábitos), Jeremy Dean nos ajuda a encarar o fato de que não vamos ser perfeitos no processo de criação de um hábito. Vamos escorregar, às vezes cair. Isso é inquestionável.

POR FAVOR, DEIXE UM BOM CONSELHO NA SUA PRÓXIMA CARTA. **PROMETO NÃO SEGUI-LO.**

Edna St. Vincent Millay

Você precisa saber o que fazer quando isso acontecer. Todo sistema resiliente tem seus mecanismos para contenção de falhas, de modo que, quando algo dá errado, o passo necessário para a recuperação é óbvio. Faça do seu hábito um sistema resiliente.

Junte tudo: a Fórmula do Novo Hábito

Nos workshops de habilidades de coaching oferecidos pela minha empresa, cada vez mais nos concentramos em ajudar os participantes a definir e se comprometer com hábitos específicos (e não uma lista geral e raramente aplicada). Para ajudar as pessoas nesse propósito, partimos de algumas das ideias apresentadas até aqui e, depois de testá-las no mundo real, criamos a Fórmula do Novo Hábito: um método simples, direto e eficaz de articular e impulsionar o comportamento que você deseja seguir.

A fórmula consiste em três partes: identificação do gatilho, identificação do velho hábito e definição do novo comportamento. Veja como funciona.

Identificação do gatilho: quando isto acontecer...

Defina o gatilho, o momento em que você se encontra em uma encruzilhada e tem a opção de seguir pela estrada batida do velho comportamento ou, como no poema de Robert Frost, tomar o caminho menos percorrido. Se você não sabe reconhecer esse momento, vai perdê-lo diversas vezes e, com isso, a oportunidade de mudar sua atitude.

Quanto mais específico você puder ser em sua definição, melhor. Charles Duhigg afirma que existem apenas cinco tipos de gatilhos: lugar, tempo, estado emocional, outras pessoas e a ação imediatamente precedente. Você pode usar vários deles para definir um gatilho bem específico. Por exemplo, um gatilho pode ser: "Quando estou me sentindo frustrado (estado emocional) na reunião semanal (tempo) com Bob (pessoa) porque ele diz: 'Eu não pensei de fato nisso (ação).'"

Minha equipe realizou mais de 300 entrevistas com especialistas. Acesse BoxOfCrayons.com/The-Coaching-Habit--Book/CH-Great-Work-Podcasts e ouça a de Charles Duhigg com áudio original em inglês.

Identificação do velho hábito: em vez de...
Descreva o velho hábito, de modo que você saiba o que está tentando deixar de fazer. Mais uma vez, quanto mais específico você for, mais útil essa medida será. Por exemplo: "Eu pergunto a Bob: 'Você já pensou em X?', e espero que ele perceba a insinuação por trás desse questionamento, enquanto o tempo todo tenho pensamentos ruins sobre Bob."

Definição do novo comportamento: eu vou...
Defina o novo comportamento, um que leve, no máximo, 60 segundos para ser posto em prática. Sabemos que a mudança fundamental de comportamento que você busca alcançar com este livro é dar menos conselhos e demonstrar mais interesse pelos outros. E o que é sensacional nas Sete Perguntas Essenciais, que você está prestes a descobrir, é que cada uma delas pode ser feita dentro de 60 segundos.

Assim, para finalizar nosso exemplo: "Vou perguntar a Bob: 'Então, que ideias você tem agora?'"

No final dos capítulos sobre cada uma das Sete Perguntas Essenciais, pedirei que você crie seu próprio hábito baseado na questão proposta. Voltaremos a esses conceitos continuamente e daremos alguns exemplos reais, de modo que você possa ver como a Fórmula do Novo Hábito e a pergunta apresentada funcionam na realidade.

MAIS Se você quiser mergulhar mais fundo nas descobertas recentes sobre a formação de hábitos melhores, baixe um pequeno e-book em inglês, *The 6½ Habit Gurus*, em TheCoachingHabit.com/habitgurus. Nele, apresento detalhes sobre as últimas pesquisas de autores como **Charles Duhigg, B. J. Fogg, Gretchen Rubin, Dan Coyle, Leo Babauta, Nir Eyal, Jeremy Dean** e um misterioso "meio guru".

Uma palavra final sobre fazer do coaching um hábito

Trata-se de uma tarefa simples, mas não fácil. É difícil mudar seu comportamento. Além disso, é preciso ter coragem para tentar fazer algo de forma diferente e resiliência para continuar quando nem tudo funciona na primeira vez (o que vai acontecer). Uma das certezas no processo de mudança é que, assim que você tenta algo novo, encontra algum tipo de resistência. Então, para enfrentá-la, experimente as dicas a seguir:

- Comece por algo fácil. Se você vai chefiar alguém de maneira diferente, escolha alguém que pareça inclinado a isso e esteja disposto a cooperar. Ou escolha alguém com quem tudo esteja indo tão mal que você não tenha mais nada a perder.

- **Comece aos poucos.** Não tente colocar em prática todas as ideias apresentadas neste livro de uma só vez. Escolha uma delas para começar e tente dominá-la e internalizá-la. Passe para outro ponto somente depois disso.
- **Conte com amigos.** Eis os sistemas de apoio que tenho ao meu redor para ajudar a mudar e a incorporar o bom comportamento: um coach; um grupo de planejamento com o qual faço reuniões semanais e para o qual ligo quinzenalmente; outro com encontros a cada três meses; e, no meu celular, três aplicativos para construir hábitos. E olhe que eu já conheço o assunto. Envolva um amigo ou colega e sejam o grupo de discussão, o estímulo, a prática e o incentivo um do outro.
- **Tente de novo.** Nem sempre o hábito vai funcionar. Você se sentirá desconfortável, um aprendiz lidando com a própria "incompetência consciente" (uma expressão precisa, embora um pouco ofensiva). É por meio da prática deliberada e regular que você passará para a "competência consciente", que é um estágio muito mais agradável a alcançar.

Uma das certezas no processo de mudança é que, **assim que você tenta algo novo, encontra algum tipo de resistência.**

Dê ouvidos ao filósofo

Ovídio disse: "Nada é mais forte do que o hábito." Isso é bom e ruim ao mesmo tempo. É ruim porque sua vida pode facilmente se tornar uma massa de respostas e reações menos do que ideais que você gravou em seu cérebro. E é bom porque, agora que você entende a mecânica dos hábitos, pode construir as próprias estruturas para alcançar o sucesso. Winston Churchill afirmou: "Moldamos nossos edifícios, depois eles nos moldam." Vivemos dentro de nossos hábitos. Portanto, modele a maneira como deseja liderar e crie os hábitos de coaching corretos.

E esses novos hábitos podem começar com a primeira pergunta que você faz a alguém – que é exatamente o que o próximo capítulo aborda.

VEJA COMO FUNCIONA
Assista à série de três vídeos em inglês intitulada *How to Build Rock-Solid Habits* (Como criar hábitos sólidos), com zumbis, macacos e até um ovo, tudo para reforçar o que você já sabe sobre o assunto e dar boas risadas.
Acesse: TheCoachingHabit.com/videos.

Masterclass de Perguntas Parte 1

Faça **uma** pergunta de cada vez

· ·

As lições da **Masterclass de Perguntas** aparecem ao longo do livro. Fique de olho nelas e aplique-as para tirar proveito máximo das **Sete Perguntas Essenciais**.

· ·

Meu amigo Matt May, autor de *In Pursuit of Elegance* (Em busca da elegância) e *The Laws of Subtraction* (As leis da subtração), conta a história de quando ele atravessou o centro de Paris de carro pela primeira vez. Tragado pelo tráfego em torno do Arco do Triunfo, ele logo percebeu que aquela não era uma rotatória típica.

Com 12 ruas desembocando nela, as regras de trânsito normais eram invertidas. Ali, a preferência era de quem entrava, enquanto o tráfego que já estava no círculo tinha que esperar a sua vez. Embora o sistema funcione – os franceses são loucos! –, a experiência de Matt foi de pânico, pois os carros pareciam vir para cima dele de todos os lados.

Às vezes, ser o alvo de uma sequência de perguntas pode parecer aquele momento no trânsito parisiense: os questionamentos vêm de todos os lados, você não tem tempo para responder a nenhum deles e fica confuso e atônito.

Em vez do conforto de uma conversa, o que essa saraivada de perguntas traz é a sensação desagradável de um interrogatório.

Faça uma pergunta de cada vez. Só **uma** de cada vez.

> **OUÇA COMO FUNCIONA**
> Acesse BoxOfCrayons.com/The-Coaching-Habit-Book/CH-Great-Work-Podcasts e ouça a entrevista de Matt May com áudio original em inglês.

Eis seu novo hábito

QUANDO ISTO ACONTECER...
Depois que eu fizer uma pergunta...

EM VEZ DE...
Fazer outra pergunta. E talvez mais uma, depois outra, porque, afinal de contas, são todas muito boas e estou curioso para saber quais são as respostas...

EU VOU...
Focar na pergunta feita. (E então ficar calado enquanto espero a resposta.)

> **VEJA COMO FUNCIONA**
> No vídeo em inglês *How to Ask a Great Question* (Como fazer uma ótima pergunta), Michael compartilha as cinco disciplinas necessárias para resolver essa questão, no melhor estilo webinar.
> Acesse: **TheCoachingHabit.com/videos**

1 A Pergunta de Arrancada

2 A Pergunta OQM

3 A Pergunta do Foco

4 A Pergunta de Base

5 A Pergunta Preguiçosa

6 A Pergunta Estratégica

7 A Pergunta do Aprendizado

1: A Pergunta de Arrancada

O capítulo que revela o poder de uma pergunta introdutória que faz uma conversa profunda fluir de imediato.

Quebrando o gelo

Uma boa introdução pode fazer toda a diferença. Pense em Charles Dickens: "Aquele foi o melhor dos tempos, foi o pior dos tempos..."; na abertura de *Star Wars*: "Há muito tempo, em uma galáxia muito, muito distante..."; ou até mesmo numa cantada: "Doeu quando você caiu do céu?"

Uma das razões pelas quais os gerentes não oferecem coaching com mais frequência às suas equipes é que eles não sabem como começar. Existe aquela sensação constante de que, se você puder apenas seguir adiante, tudo vai ficar bem. Mas como seguir adiante? Se você já se sentiu preso em uma conversa que parecia superficial, chata ou simplesmente inútil, uma dessas três situações pode ter estado em ação: o Tango da Conversa Fiada, a Pauta Engessada ou o Diagnóstico-Padrão.

O Tango da Conversa Fiada

Não se engane: a conversa fiada tem seu valor. Trata-se de uma forma de se reconectar e se envolver com alguém, de construir relacionamentos, de notar que outras pessoas são humanas e lembrá-las de que você também é. No entanto, você provavelmente já se sentiu frustrado por perceber que usou 8 dos seus 15 minutos disponíveis falando banalidades. São aqueles momentos em que você pensa: "Sério, precisamos sempre comentar como faz frio no Canadá no inverno? Ou discutir o último jogo daquele time horrível?" A conversa fiada pode ser um meio útil de aquecer, mas raramente é a ponte que leva a um diálogo importante.

A Pauta Engessada

É uma situação comum em reuniões fixas – mesmo horário, mesmas pessoas, mesmo lugar, mesma pauta. O encontro se torna um triste recital de fatos e números, um relatório que esclarece pouco e parece sugar a energia de todos na sala. A pauta pode ter sido perfeita uma semana, um mês ou um ano antes, mas se tornou um processo que atrapalha o que realmente importa.

O Diagnóstico-Padrão

É quando ninguém debate nem tem dúvidas sobre uma questão. Você tem certeza de que sabe do que se trata. Ou os outros têm certeza do que devem fazer. Ou talvez as duas partes acreditem estar certas. É aí que... *1, 2, 3 e já!* Você se vê em plena corrida, tentando alcançar algo que, se tiver sorte, será mais ou menos o necessário. Essa reação é confortável e dá a sensação de progresso porque você está resolvendo alguma coisa. O problema é que está no buraco errado. Cavar mais rápido ou com um equipamento melhor não vai ajudar.

A Pergunta de Arrancada: "No que você está pensando?"

Uma forma quase infalível de iniciar um simples bate-papo com potencial para rapidamente se transformar em uma conversa profunda é a pergunta "No que você está pensando?". Trata-se de uma frase ideal: não é aberta e ampla demais nem excessivamente específica e limitante.

Por ser aberta, a pergunta convida as pessoas a compartilharem o que é mais importante para elas. Ao usá-la, você não está dirigindo nem orientando, mas sim demonstrando confiança em seu interlocutor e concedendo-lhe autonomia para fazer a própria escolha.

Ao mesmo tempo, a pergunta é focada. Não é um convite para que lhe digam tudo nem uma deixa para que se diga qualquer coisa; é um incentivo para que falem sobre o que os entusiasma, o que os deixa ansiosos, o que os desgasta, o que os leva a acordar de madrugada, o que faz seu coração acelerar. É uma indagação sobre *o que interessa de fato*, uma questão que dissolve pautas engessadas, desvia de conversas fiadas e derrota o diagnóstico-padrão.

Depois de começar o diálogo assim, você pode usar uma estrutura que chamo de Modelo 3P para dar ainda mais foco à conversa. Porém, antes de falarmos do Modelo 3P, é importante entender a diferença entre dois tipos de coaching.

Coaching para Desempenho *versus* Coaching para Desenvolvimento

Algumas instituições distinguem o coaching para desempenho do coaching para desenvolvimento. A meta do *coaching para desempenho* é abordar e corrigir um problema ou desafio específicos. Trata-se de apagar, atear ou alimentar o fogo. Esse tipo de coaching está ligado ao cotidiano, e é importante e necessário.

Já o *coaching para desenvolvimento*, em vez de focar na questão, prioriza quem lida com ela, isto é, a pessoa que está controlando o incêndio. Essa conversa é mais rara e mais poderosa. Se eu pedisse que você citasse uma ocasião em que a conversa com um coach fez diferença na sua vida, aposto que a escolhida seria uma sessão de desenvolvimento. Em vez de apenas resolver um problema, o objetivo nesses casos é incentivar a aprender, melhorar e crescer.

O Modelo 3P é uma forma direta de criar foco, tornar a conversa mais robusta e (quando apropriado) seguir para o nível mais poderoso, que é o coaching para desenvolvimento.

Aprofunde o foco com o Modelo 3P

O Modelo 3P é uma estrutura para escolher a base da sessão de coaching – para definir qual é o principal complicador do desafio que a pessoa está enfrentando. Tipicamente, um desafio pode estar centrado em um projeto, uma pessoa ou um padrão de comportamento.

Projetos

Projeto é o conteúdo, o que está sendo trabalhado. Trata-se do ponto mais fácil aonde se pode chegar e será o mais familiar para a maioria de nós. Passamos nossos dias buscando soluções para os desafios, e nossos olhos quase sempre estão focados na questão do momento. É aí que o coaching para desempenho e a mudança técnica tendem a ocorrer.

Incentive-os a aprender, melhorar e crescer, em vez de apenas resolver um problema.

RESPOSTAS SÃO **SALAS FECHADAS** E PERGUNTAS SÃO **PORTAS ABERTAS** QUE NOS CONVIDAM A ENTRAR.

Nancy Willard

Muitas vezes, a arte está em saber como começar e, em seguida, ver se a conversa pode se beneficiar da inclusão de mais um dos outros Ps – ou dos outros dois.

Pessoas

Alguma vez você pensou "O trabalho seria mais fácil se não fosse por todas essas pessoas irritantes"? Com certeza não fui só eu que pensei. Claro, as situações sempre se tornam mais complexas quando você – em toda a glória imperfeita, às vezes irracional, confusa e tendenciosa de sua sabedoria ainda não totalmente adquirida – tem que trabalhar com pessoas que, surpreendentemente, também são imperfeitas, às vezes irracionais, confusas, tendenciosas e alguns passos aquém da plena sabedoria e da compaixão.

Quando falamos de pessoas, porém, não falamos exatamente sobre elas. Falamos sobre um relacionamento e, especificamente, sobre qual é nosso papel nesse relacionamento que, no momento, talvez não seja o ideal.

Padrões

Neste item, você analisa padrões de comportamento e formas de trabalho que gostaria de mudar. É a área na qual é mais provável que surjam as conversas de coaching para desenvolvimento. Ainda não é comum nas organizações. Nela, são debatidos pontos pessoais e desafiadores que oferecem uma chance para aumentar o autoconhecimento e desenvolver o potencial das pessoas.

Contudo, nem sempre é apropriado ter uma conversa com esse foco. Muitas vezes, uma conversa que trata exclusivamente do projeto é a coisa certa a fazer.

Colocando o Modelo 3P em prática

– No que você está pensando? – pergunta você.

– No [insira o trabalho que estão executando] – responde a pessoa.

– Bem, existem três aspectos diferentes que podemos examinar – sugere você. – O lado do *projeto*: quaisquer desafios que digam respeito ao conteúdo real. O lado das *pessoas*: quaisquer questões envolvendo membros da equipe/colegas/outros departamentos/chefes/usuários/clientes. E os *padrões*: se há uma possibilidade de você mesmo estar se sabotando, em vez de se sair muito bem. Por onde devemos começar?

Não importa qual faceta a pessoa escolha, será um forte ponto de partida para a conversa. Quando ela terminar de discutir o P escolhido, você pode conduzi-la a um dos outros dois Ps e perguntar: "Se fosse essa a questão, qual seria o desafio para você?"

E vocês provavelmente terão uma conversa mais profunda, consistente e enriquecedora.

Construa aqui seu novo hábito

QUANDO ISTO ACONTECER...
Descreva o momento, a pessoa e talvez os sentimentos que funcionam como gatilho para você.

....

....

....

....

O gatilho típico para essa questão será o assunto inicial de alguma conversa em uma variedade de situações. Por exemplo: um subordinado direto entra na sua sala em busca de um conselho; um cliente liga para você; sua chefe o convoca ao escritório dela; um colega pede 10 minutos do seu tempo para um bate-papo na hora do almoço; você tem uma conversa rotineira em uma reunião com alguém da equipe; você está ansioso porque a conversa não começou de verdade, mesmo que já estejam falando há algum tempo. O gatilho pode até ser um e-mail ou uma mensagem.

EM VEZ DE...
Descreva o velho hábito que você deseja mudar. Seja específico.

....
....
....
....
....
....
....

O velho hábito pode ser, por exemplo, estabelecer apenas conversas superficiais, passar direto ao modo de dar conselhos, seguir a pauta-padrão ou determinar qual será o tópico da conversa. É provável que seja algo que tenha menos a ver com curiosidade e mais com seu controle do rumo da conversa.

EU VOU...
Descreva o novo hábito.

....
....
....
....
....
....
....
....

É provável que tenha muito a ver com: "Vou perguntar: 'No que você está pensando?'" Se o gatilho vier na forma de um e-mail ou mensagem, você pode responder apenas com uma pergunta.

VEJA COMO FUNCIONA
No vídeo em inglês *Starting Strong* (Começando bem), Michael compartilha outras opções para dar início às suas conversas com mais potência e dinamismo. Afinal, "No que você está pensando?" é uma excelente pergunta de abertura, mas não é a única que existe.
Acesse: **TheCoachingHabit.com/videos**

DO LABORATÓRIO DA BOX OF CRAYONS

"No que você está pensando?" – essa é a pergunta do Facebook. Deixou de ser por um tempo, mas logo voltou. Imagino que Mark Zuckerberg e sua equipe tenham descoberto que era a melhor opção.

É uma pergunta usada por dezenas de milhões de pessoas todos os dias para instigar a reflexão e o compartilhamento. Quando pedimos a Lindsay, pesquisadora da Box of Crayons, que investigasse a ciência por trás do bom desempenho desse questionamento, ela nos apontou uma das verdades fundamentais reveladas pela neurociência: somos aquilo ao que damos atenção. Se tivermos consciência desse nosso foco, melhor. Por outro lado, se nos distrairmos ou nos dispersarmos, pagaremos por isso.

Um estudo de 2010 apontou que ter algo em mente nos leva a gastar energia – mesmo que seja responsável por apenas cerca de 2% do nosso peso corporal, o cérebro usa por volta de 20% da nossa energia. Além disso, nossos pensamentos influenciam inconscientemente nossa percepção e nossa concentração. Se, por exemplo, você está planejando comprar um sedã vermelho, de repente começa a notar todos os sedãs vermelhos nas ruas. O que quer que ocupe a sua cabeça também influencia as escolhas que você faz – o que também pode impedir que você tome a melhor decisão.

Fazer a Pergunta de Arrancada funciona como uma pequena válvula para liberar a pressão e ajudar a expor algo que possa influenciar da pior maneira o modo como você trabalha. Essa indagação revela desafios que, mesmo que indefinidos e de forma inconsciente, talvez estreitem sua maneira de ver o mundo.

Masterclass de Perguntas Parte 2

Pule a introdução e **vá direto à pergunta**

Corre pela internet um meme sobre a melhor cena de abertura dos filmes de James Bond.

Para alguns, é aquela em que Roger Moore salta de um penhasco em um esqui e escapa de paraquedas (um paraquedas com a bandeira britânica, naturalmente) em *007: O espião que me amava*.

Para outros, é um momento mais sombrio, de *Cassino Royale*, em que Daniel Craig obtém sua qualificação como agente 00 ao matar pela segunda vez.

A minha favorita? Quando Pierce Brosnan salta de bungee jump de uma imensa represa em *007 contra GoldenEye*.

Independentemente de qual cena é a melhor, percebe-se um padrão aqui. Nenhum filme de James Bond tem um início entediante.

Pow! Em 10 segundos você se vê dentro da ação, a adrenalina já subiu e o coração está disparado.

É um contraste gritante com a maneira como muitos de nós fazemos uma pergunta, quase sempre com uma introdução lenta, errante e tortuosa, que mais parecem as 1.001 noites de Sherazade do que com qualquer coisa que Ian Fleming sonharia escrever.

Corte o blá-blá-blá preliminar. Você não precisa de uma pista para pegar velocidade – você pode simplesmente decolar.

Se você sabe o que perguntar, vá direto ao ponto e **pergunte.**

(E, se precisar de uma frase introdutória, experimente "Por curiosidade". Ela diminui o "peso" de qualquer questionamento e facilita tanto o ato de perguntar quanto o de responder.)

Eis seu novo hábito

QUANDO ISTO ACONTECER...
Quando tiver uma pergunta a fazer...

EM VEZ DE...
Ajustá-la, enquadrá-la, explicá-la, me preparar para ela e, em geral, levar uma vida para chegar ao ponto...

EU VOU...
Fazer a pergunta. (E então me calar para ouvir a resposta.)

1 A Pergunta de Arrancada
No que você está pensando?

2 A Pergunta OQM

3 A Pergunta do Foco

4 A Pergunta de Base

5 A Pergunta Preguiçosa

6 A Pergunta Estratégica

7 A Pergunta do Aprendizado

2: A Pergunta OQM

O capítulo que revela a Melhor Pergunta de Coaching do Mundo, em que você se encanta com o poder de **três palavrinhas.**

Verdadeira magia

Por ser um mágico amador ruim, sei apreciar ainda mais os mágicos de verdade. Você provavelmente já viu o truque em que o mágico ergue a mão e parece tirar uma moeda do nada. E depois outra. E mais outra. E então, se você estiver assistindo a um vídeo de Penn and Teller no YouTube, um cardume de peixinhos dourados. (Procure "Masters of Magic Penn and Teller, Amazing Tricks" para ver a que eu me refiro.)

Não sei fazer esse truque, nem perto disso. Mas posso lhe oferecer uma pergunta tão boa que pensamos em registrá-la como marca – A Melhor Pergunta de Coaching do Mundo – e que faz algo que parece mágica.

A Pergunta OQM: "O Que Mais?"

Sei que parecem inócuas. Três palavrinhas. Mas "O que mais?" – a Pergunta OQM – tem propriedades mágicas. Aparentemente, sem nenhum esforço, do nada, ela cria mais – mais sabedoria, mais insights, mais autoconsciência, mais possibilidades.

Há três razões para que essa pergunta seja tão proveitosa: mais opções podem levar a melhores decisões; você se controla; e você ganha tempo.

Você encarna seu Ron interior

Se você já assistiu a canais como Shoptime, viu apresentadores dinâmicos e convincentes – praticamente artistas de vendas – anunciando o melhor cortador, ralador, produto de limpeza ou esfregão que X reais (mais frete) podem comprar. Ron Popeil é o avô de todos esses artistas e seu bordão era: "Mas espere, tem mais..."

Embora eu não esteja tentando convencê-lo a comprar um esfregão, é bom você lembrar que a primeira resposta que alguém lhe dá quase nunca é a única e raramente é a melhor. Você pode pensar que isso é óbvio, mas não é.

Chip e Dan Heath, em seu excelente livro *Gente que resolve: como fazer as melhores escolhas em qualquer momento da sua vida*, citam um estudo de Paul Nutt, um homem "que talvez saiba mais do que qualquer outra pessoa viva sobre como os gerentes tomam decisões". Usando um rigoroso protocolo, ele revisou os resultados de 168 tomadas de decisão dentro de empresas e descobriu que, em 71% dos casos, as opções que levaram a elas eram binárias. Resumiam-se a: devemos fazer isso ou não?

Nutt ressaltou o fato de que esse percentual estava no mesmo patamar (na verdade, um pouco pior) que a capacidade dos adolescentes de criar alternativas antes de se decidirem por algo. Isso mesmo, aquelas terríveis resoluções dos adolescentes. Mas pelo menos os jovens têm a desculpa de que seu cérebro ainda não está totalmente formado. Assim, não é nenhuma surpresa que Nutt tenha descoberto que as soluções escolhidas a partir dessas opções binárias tiveram uma taxa de fracasso maior que 50%.

Ele então analisou a taxa de sucesso de decisões que envolviam mais opções. Por exemplo, o que aconteceria se você adicionasse mais uma única opção: Devemos fazer *isso*? Ou *aquilo*? Ou não? Os resultados foram impressionantes. Ter pelo menos mais uma opção reduziu a taxa de insucesso em quase metade, para cerca de 30%.

Ao usar "O que mais?", você obterá mais opções – muitas vezes, melhores. Opções melhores levam a decisões melhores. Decisões melhores levam a um sucesso maior.

Você doma o Monstro do Conselho

Se isto fosse um haicai, poderia ser assim:

> Vou ouvir mais –
> Só aconselhar e falar
> Após perguntar.

Contudo, falar é mais fácil do que fazer. Todos nós temos o hábito profundamente arraigado de entrar no modo do conselheiro/especialista/responda-resolva-conserte. Isso não é novidade. Muitos de nós nos sentimos oprimidos, inseguros e ansiosos quando o trabalho e a vida se tornam mais complicados; empresas premiam funcionários por darem respostas e certezas; nosso cérebro tende a preferir o que é claro e inquestionável. Então não é de admirar que gostemos de dar conselhos. Mesmo que seja um conselho errado – e com frequência é –, oferecê-lo parece mais confortável do que a insegurança de fazer uma pergunta.

Em nossos programas de treinamento, chamamos essa urgência de Monstro do Conselho. Você tem a intenção de se manter curioso e fazer algumas boas perguntas. Mas, justamente quando você está passando para aquele modo melhor de trabalhar, o Monstro do Conselho salta da escuridão e sequestra a conversa. Antes que você perceba o que está acontecendo, sua mente se volta para a busca da Resposta Certa e você oferece ideias, sugestões e recomendações.

O que estamos abordando aqui é uma reação comum e muitas vezes ineficaz. Há um momento para conselhos, é claro. Não estamos propondo que você nunca mais dê uma sugestão.

Um exercício intrigante (embora difícil) é observar a si mesmo e ver quanto tempo você leva para querer dar conselhos. Dê a si mesmo um dia (ou meio dia ou uma hora) e veja quantas vezes você se vê pronto e disposto a oferecer a solução. Um estudo muito citado de 1984, de Howard Beckman e Richard Frankel, descobriu que o tempo médio que os médicos levavam para interromper seus interlocutores era de 18 segundos. E, embora possamos revirar os olhos e dizer "Esses médicos!", já vi muitos gerentes e líderes com uma média semelhante.

Resumindo, mesmo que não saibamos qual é o problema ou o que se passa com a pessoa, estamos certos de que temos a solução que ela busca.

"O que mais?" rompe esse ciclo. Quando fazer essa pergunta se torna um hábito, muitas vezes é a maneira mais simples de despender menos esforço e permanecer curioso. A Pergunta OQM é uma ferramenta de autogerenciamento para controlar seu Monstro do Conselho.

Você ganha tempo

Isto é segredo. Fica entre nós. Como tenho certeza de que está

Mesmo que não saibamos qual é o problema, **estamos certos de que temos a solução.**

na minha biografia, talvez em MAIÚSCULAS e sublinhado, em algum lugar deste livro, fui o primeiro Coach do Ano no Canadá. Então, estou lhe confidenciando isto como um coach profissional, respeitado e premiado.

Quando você não tem certeza do que está acontecendo e precisa de um instante para entender as circunstâncias, perguntar "O que mais?" lhe dá algum tempo extra.

Mas isso é confidencial. Não conte a mais ninguém.

Quatro dicas práticas para perguntar "O que mais?"

Para garantir que a mágica do OQM aconteça, siga algumas diretrizes simples:

Continue curioso, continue genuíno

Só porque agora você tem uma pergunta fabulosa à qual recorrer, não significa que pode dizê-la parecendo estar entediado.

À medida que forma esse hábito, não se limite a praticar a pergunta "O que mais?". Use os princípios da Prática Profunda de Dan Coyle que mencionei no capítulo sobre a formação de hábitos e acostume-se a fazer a pergunta com interesse e curiosidade genuínos. Para ganhar pontos extras, pratique escutar as respostas.

Pergunte mais uma vez

Vamos partir do princípio que, como regra geral, as pessoas fazem essa pergunta pouquíssimas vezes, e não exageradamente. E a maneira de dominar esse hábito é colocando-o em prática, experimentando e vendo o que funciona. Como orientação, eu costumo perguntar pelo menos três vezes e raramente mais do que cinco.

> **OUÇA COMO FUNCIONA**
> Acesse BoxOfCrayons.com/The-Coaching-Habit-Book/CH-Great-Work-Podcasts e ouça a entrevista de Dan Coyle com áudio original em inglês.

Reconheça o sucesso

Em algum momento da conversa, alguém lhe responderá: "Mais nada." Quando isso acontecer, uma reação perfeitamente razoável é o coração acelerar e você sentir um leve pânico.

Classifique essa reação como sucesso. "Mais nada" é uma resposta que você *deveria* buscar. Ela significa que você chegou ao fim dessa linha de investigação. Respire, receba os aplausos e passe para outra pergunta.

Siga em frente quando a hora chegar

Se você sentir que a conversa está se arrastando, é hora de mudar de perspectiva. Uma forte variação conclusiva de "O que mais?" é "Mais alguma coisa?". Essa versão convida ao encerramento, embora deixe a porta aberta para algo que ainda precisa ser dito.

Muitas opções: o paradoxo da escolha

Ter opções é bom. O poder de "O que mais?" está no fato de essa ser a forma mais rápida e fácil de revelar e criar novas possibilidades.

Mas ter muitas e muitas opções nem sempre é o melhor.

Barry Schwartz, autor de *O paradoxo da escolha* (ele tem uma ótima palestra no TED Talks com o mesmo título), divulgou um estudo sobre consumidores em uma mercearia. Era um dia de promoção de geleia e uma mesa de amostra exibia seis

"O que mais?"
é a forma mais
rápida e fácil de
**revelar e
criar novas
possibilidades.**

variedades; outra, 24. Embora a mesa com 24 geleias fosse mais popular, os consumidores que provavam da mesa de seis sabores tinham probabilidade 10 vezes maior de comprar o produto. A pressão dos 24 sabores os deixava paralisados na hora de tomar a decisão.

A neurociência tem algo interessante a dizer a esse respeito. Seu ponto de partida foi um artigo de 1956, escrito por George A. Miller, cujo título já deixa clara sua conclusão – "The Magical Number Seven, Plus or Minus Two: Some Limits on Our Capacity for Processing Information" (O mágico número sete, mais ou menos dois: alguns limites em nossa capacidade de processar informações). Com o tempo, a ciência reduziu esse número e, hoje, acredita-se que quatro seja o número ideal em que podemos dividir a informação. É como se nosso cérebro inconsciente contasse assim: 1, 2, 3, 4... muitos. Isso provavelmente explica por que podemos lembrar o nome dos integrantes de bandas de quatro pessoas, mas não daquelas com cinco ou mais.

Assim, quando você pergunta "O que mais?", o objetivo não é gerar zilhões de opções, mas ver quais ideias a pessoa já possui (além de impedir que você apresente as *suas* ideias). Se obtiver de três a cinco respostas, terá feito um grande progresso.

O momento certo

"O que mais?" é uma pergunta tão útil que você pode incluí-la em quase todas as conversas. Por exemplo:

- Assim que lhe derem a resposta a "No que você está pensando?", pergunte: "O que mais?"
- Se alguém lhe falar sobre uma série de ações que pretende

seguir, desafie a pessoa com: "O que mais você poderia fazer?"
- Quando você estiver tentando chegar ao cerne da questão, já tiver indagado "Qual é o verdadeiro desafio para você?" e a pessoa oferecer uma primeira resposta tímida, vaga ou insípida, vá mais fundo com: "O que mais é um desafio para você?"
- Depois de iniciar sua reunião semanal com a equipe perguntando "O que é importante agora?", mantenha a pressão com: "O que mais?"
- Quando alguém estiver apresentando uma nova ideia, ampliando as fronteiras da coragem e da possibilidade, proteja o espaço conquistado e aprofunde o potencial questionando: "O que mais poderia ser possível?"
- Ao fazer um brainstorming em busca de novas ideias, para não deixar que o processo empaque, mantenha a energia repetindo: "O que mais?"

Construa aqui seu novo hábito

QUANDO ISTO ACONTECER...
Descreva o momento, a pessoa e talvez os sentimentos que funcionam como gatilho para você.

....
....
....
....
....

"O que mais?" funciona tão bem porque faz as pessoas criarem opções enquanto você se mantém calado. Assim, o gatilho aqui é o oposto. É quando alguém lhe dá uma ideia ou você quer dar algum conselho ou tem certeza de que sabe a resposta e está desesperado para dizê-la ou a pessoa ainda não respondeu "Mais nada".

EM VEZ DE...
Descreva o velho hábito que você deseja mudar. Seja específico.

....
....
....
....

O velho hábito será, em geral, voltar a dar conselhos e passar ao modo de solução mais cedo do que o necessário. Talvez seja: aceitar a primeira sugestão ou a segunda ou mesmo a terceira; dizer às pessoas a ideia brilhante que você tem antes de elas compartilharem todas as delas; supor que você conhece o problema e/ou a solução; ou assumir o controle e encerrar a conversa.

EU VOU...
Descreva o novo hábito.

....
....
....

Quase com certeza será algo como: "Vou perguntar às pessoas: 'O que mais?'"

> **VEJA COMO FUNCIONA**
> Assista ao vídeo em inglês *The One Question that Rules Them All* (Uma pergunta para a todas governar). Inspirando-se em *O Senhor dos Anéis*, de J. R. R. Tolkien, Michael demonstra por que "O que mais?" deveria ser a primeira pergunta a ser dominada por nós.
> Acesse: TheCoachingHabit.com/videos

• • •

DO LABORATÓRIO DA BOX OF CRAYONS

Se estamos afirmando que "O que mais?" é a Melhor Pergunta de Coaching do Mundo – e estamos mesmo –, então é importante entender a ciência por trás dela. Quando propusemos esse desafio à nossa pesquisadora, Lindsay, ela respondeu com algumas observações bastante convincentes.

O primeiro artigo que citou se sustenta desde sua publicação, em 1929. O estudo verificou que, quando estudantes receberam uma segunda chance em uma série de testes de verdadeiro ou falso, essa "reavaliação" os ajudou a ter mais acertos. Esses alunos alcançaram um desempenho melhor do que um segundo grupo, que também pôde tentar de novo, mas sem acesso às respostas iniciais. Assim, tudo indica que refletir sobre uma escolha feita leva a mais precisão. Estudos mais recentes descobriram que as perguntas de acompanhamento que estimulam o pensamento de nível elevado (como "O que mais?") ajudam a aprofundar a compreensão e a promover a participação.

O segundo estudo encontrado por Lindsay envolve psicólogos induzindo crianças de 3 anos a fazer uma travessura – xeretar um brinquedo – e depois lhes perguntando se haviam feito. Cerca de metade das crianças que tinham espiado o brinquedo negou o feito, contudo a maioria se entregou, ao responder de forma precisa a "Qual era o brinquedo?". Não somos assim tão diferentes dessas crianças. Geralmente, há algo mais esperando para ser desenterrado por uma simples indagação, e a Pergunta OQM é uma das maneiras mais eficazes de fazer isso.

FAÇA AS
PERGUNTAS
CERTAS
SE QUISER
**ENCONTRAR
AS RESPOSTAS
CERTAS.**

Vanessa Redgrave

Masterclass de Perguntas Parte 3

Você deve fazer **perguntas retóricas?**

Quando o personagem de Marlon Brando em *O poderoso chefão* fazia uma proposta, ela era irrecusável – do contrário, a pessoa poderia acordar com uma cabeça de cavalo na cama.

Naturalmente, você é um pouco mais sutil para conseguir o que deseja. Já entendeu que é melhor para todos se oferecer um pouco menos de conselhos e fizer algumas perguntas a mais. Ao mesmo tempo, no fundo do coração, você acredita que tem a solução para o problema que está sendo discutido. Assim, lança mão de uma falsa pergunta:

"Você já pensou em...?"

"Que tal...?"

"Já considerou...?"

Pare de oferecer conselhos com um ponto de interrogação no fim. Isso não é igual a fazer uma pergunta.

Se você tem uma sugestão, espere. Pergunte "O que mais?" e frequentemente descobrirá que seu interlocutor terá a mesma ideia que está martelando na sua cabeça. E, se ele não tiver, aí, sim, apresente sua ideia – mas não a disfarce de pergunta.

Pare de oferecer **conselhos** com um **ponto de interrogação** no fim.

Eis seu novo hábito

QUANDO ISTO ACONTECER...
Eu tenho a resposta e quero sugerir...

EM VEZ DE...
Fazer uma falsa pergunta como "Você já pensou em...?" ou "Que tal...?", que são conselhos com um ponto de interrogação no fim...

EU VOU...
Fazer uma das Sete Perguntas Essenciais. E, se quiser apresentar uma ideia, vou oferecê-la como uma opção, não como pergunta.

1 A Pergunta de Arrancada
No que você está pensando?

2 A Pergunta OQM
O que mais?

❸ A Pergunta do Foco

4 A Pergunta de Base

5 A Pergunta Preguiçosa

6 A Pergunta Estratégica

7 A Pergunta do Aprendizado

3: A Pergunta do Foco

O capítulo que revela como **parar de gastar tanto tempo e energia resolvendo o problema errado.**

Eureca! Bem, mais ou menos.

O mundo da ciência está cheio de descobertas brilhantes que aconteceram por acidente. William Perkin estava tentando curar a malária e acabou criando o primeiro corante sintético, a mauveína. Alexander Fleming não conseguiu limpar direito o laboratório antes de sair de férias e, na volta, encontrou o primeiro antibiótico, a penicilina. Os bloquinhos Post-it devem seu sucesso ao fracasso de uma supercola. O Viagra foi originalmente criado para tratar a angina.

Infelizmente, esse tipo de coincidência não acontece na sua empresa.

Se sua cultura organizacional for como todas as outras que já vi (e creio que seja), então sua empresa adora tarefas cumpridas. Fazer acontecer. Ticar itens da lista. E, se você é como a maioria dos gerentes com quem e para quem já trabalhei (e, aliás, também fui), então realmente quer encontrar a solução dos problemas.

A questão é que, com todos esses anos de condicionamento, assim que você ouve o que se poderia chamar de "problema do momento", começa a comichão por corrigi-lo, resolvê-lo, propor uma solução. É uma reação condicionada por repetições. É por isso que, mundo afora, em empresas como a sua, pessoas trabalham com afinco para encontrar soluções decentes para questões que não têm a menor importância – enquanto os verdadeiros obstáculos muitas vezes não são abordados.

Quando lhe apresentarem determinado desafio, é essencial lembrar que ele raramente será o verdadeiro problema. Além disso, quando você se apressa demais em intervir, as coisas podem sair dos trilhos de três formas: você cuida do problema errado; você faz a tarefa que sua equipe deveria fazer; e o trabalho não é feito.

Você cuida do problema errado

Você pode pensar numa solução brilhante para o desafio que sua equipe apresenta. No entanto, é muito provável que esse não seja o verdadeiro obstáculo a resolver. O que a equipe está abordando pode ser várias outras coisas: um sintoma, um empecilho secundário, o fantasma de um problema anterior confortavelmente familiar, muitas vezes até uma solução improvisada para uma adversidade ainda não debatida.

Você soluciona a questão sozinho

Sua equipe o treinou bem para fazer o trabalho deles. Sempre que surge um problema, em vez de tentar resolvê-lo, eles procuram você. Parece (às vezes, pelo menos) que é mais fácil assim – tanto para você quanto para eles –, mas talvez você venha se sentindo sobrecarregado por fazer o seu trabalho *e* algumas tarefas dos outros.

Você sente comichão por corrigir o problema, resolvê-lo, propor uma solução.

·······························

Você não faz o trabalho

Você já tem as próprias atribuições e, aos poucos, se vê responsável por resolver também os problemas de todos os outros da equipe. E talvez não tenha a resposta à mão, então ignora aquele e-mail ou o coloca no fim da fila ou faz uma vaga promessa sobre encontrar uma resposta no futuro próximo. Assim, de uma hora para outra, é você quem impede o progresso. Além de a equipe estar excessivamente dependente, você se sente sobrecarregado e atrasa tudo e todos. Você se torna o Grande Gargalo.

Você precisa controlar a vontade urgente de intervir no desafio inicial. Precisa impedir a si mesmo (e sua equipe) de se envolver no primeiro problema exposto. Se desacelerar só um pouco, chegará ao cerne da questão. E aqui está a pergunta que faz toda a diferença:

A Pergunta do Foco:
Qual é o verdadeiro desafio para você?

Essa é a pergunta que ajudará a desacelerar a corrida para a ação, de modo que você se concentre no verdadeiro problema, não no primeiro que surgir. Não por acaso ela foi formulada dessa maneira. Veja como sua construção a torna tão útil:

- Qual é o desafio? A curiosidade está levando você na direção certa, mas, formulada assim, a pergunta é muito vaga. É bem provável que gere uma resposta óbvia ou um tanto abstrata (ou uma combinação de ambas) – e nenhuma delas é útil.
- Qual é o verdadeiro desafio? Nessa pergunta fica implícito que há vários obstáculos em questão e você tem que encontrar o que é mais relevante. Dita dessa maneira, a pergunta irá reduzir a velocidade das pessoas e fazê-las pensar mais detidamente.
- Qual é o verdadeiro desafio para você? Dar opinião sobre problemas complexos ou abstratos em uma situação é fácil. Contudo, usando o "para você", a pergunta fica presa à pessoa com quem você está falando. Esse complemento torna a questão pessoal e faz seu interlocutor encarar a própria luta e o que ele precisa descobrir.

Como a Pergunta do Foco atravessa a neblina

Agora que você sabe como a Pergunta do Foco é construída, verá como ela pode superar alguns padrões muito praticados, porém ineficazes, que surgem entre você e a pessoa que você

Concentre-se no **verdadeiro** problema, não no **primeiro** que surgir.

está treinando. São esses padrões que mantêm as coisas nebulosas e vagas quando você tenta colocar o desafio em foco. Na Box of Crayons, nós os chamamos de Anuviadores, e denominamos seus três tipos mais comuns de Proliferação de Desafios, Coaching do Fantasma e Abstrações e Generalizações.

Proliferação de Desafios
Você já dominou a primeira das Sete Perguntas Essenciais e se dirige com confiança a alguém.
– Então, no que você está pensando? – pergunta você.
E sai tudo de uma vez:
– Tem o projeto do website. Começamos a trabalhar nele há apenas três semanas e já estamos um mês atrasados. E Alberto está criando problemas de novo, achando que não responder é alguma forma de comunicação. O marketing não dá resposta sobre o lançamento e estou preocupado com o orçamento do Projeto Trovão Tropical. E hoje, quando eu estava vindo para cá, o motor do meu carro começou a fazer um barulho estranho...
Bem, se você alguma vez na vida viu alguém tocando o instrumento aborígine australiano chamado *didjeridu*, deve ter percebido que o músico tem uma habilidade extraordinária para soprar o ar continuamente como se nem precisasse inspirar. A técnica de respiração circular permite que ele inale o ar pelo nariz enquanto expira pela boca. Experimente. Parece impossível – mas não para o músico nem para o interlocutor do nosso exemplo. No diálogo, "No que você está pensando?" desencadeou um fluxo aparentemente interminável de preocupações.
Talvez você também já tenha dominado a segunda das Sete Perguntas Essenciais. Mas, diante de uma resposta sem fim,

SEM UMA BOA PERGUNTA,
NÃO HÁ LUGAR PARA UMA BOA RESPOSTA.

Clayton Christensen

não existe a menor possibilidade de você perguntar "O que mais?". Você já ficou sobrecarregado.

A cada problema listado, sua aflição aumenta. A aflição e a satisfação. Porque, havendo tantos problemas, você está em condições de ajudar de muitas maneiras com uma infinidade de conselhos. A única questão é por onde começar: com o primeiro desafio mencionado ou com o assunto no qual você se sente mais confiante?

Ou – e aqui entra seu novo hábito – nenhuma das respostas anteriores. Em vez de passar para o modo de dar conselhos e oferecer soluções, você faz a Pergunta do Foco: "Qual é o verdadeiro desafio para você?"

SINTOMAS DA PROLIFERAÇÃO DE DESAFIOS

Você já fez pipoca? Primeiro vem um *pop*. Depois outro. Daí mais outro. E então os estouros ficam descontrolados. Os problemas proliferam da mesma maneira.

SOLUÇÃO PARA A PROLIFERAÇÃO DE DESAFIOS

Resista à tentação de fazer o trabalho e de escolher um dos muitos desafios como ponto de partida (embora, sem dúvida, você tenha uma opinião sobre qual deles deve ser). Em vez disso, pergunte algo assim: "Se você tivesse que escolher um desses problemas para focar, qual deles seria o verdadeiro desafio para você?"

Coaching do Fantasma

– No que você está pensando? – pergunta você com interesse genuíno.

– No John.

– No John?

– Sim, no John. Ele é um pesadelo. Nunca vi ninguém tão disperso.

– É mesmo? Conte mais – pede você.

– E isso é só o começo. Ele tem uma relação muito questionável com a verdade e a realidade. Não que ele minta. É apenas que o limite entre verdade e não verdade para ele é... Bem, não existe.

– Ah, meu Deus. E o que mais?

– Eu já contei sobre a vez em que ele...

E assim por diante. Intensos 45 minutos se passam enquanto a pessoa discorre sobre John. E, sem dúvida, se trata de uma conversa muito interessante, ao fim da qual vocês dois se sentem muito melhor graças à superioridade de ambos em relação a John e às muitas falhas dele. E você, particularmente, sente que fez uma boa sessão de coaching, porque, além de ter escutado de forma ativa o tempo todo, conseguiu estabelecer uma conexão com seu interlocutor.

Isso, porém, não é coaching. Nem gestão. Isso é fofoca. Ou, mais francamente, queixas e choramingos.

O que se deve ter em mente aqui é que você só pode fazer coaching com a pessoa que está na sua frente. Por mais tentador que seja discutir um "terceiro ponto" (mais comumente, outra pessoa, mas também pode ser um projeto ou uma situação), você precisa revelar o desafio da pessoa com quem está dialogando. Assim, nesse exemplo, em vez de os dois falarem sobre John, a sessão de coaching aconteceria se vocês conversassem sobre como essa pessoa está lidando com John.

E a Pergunta do Foco – "Então, qual é o verdadeiro desafio para você?" – o levará até lá.

SINTOMAS DO COACHING DO FANTASMA
Falam sem parar sobre outra pessoa (queixando-se do chefe, reclamando de uma interação com o cliente, preocupando-se com alguém da equipe) ou talvez sobre um projeto ou uma situação (queixando-se sobre os novos processos, reclamando das falhas no projeto, preocupando-se com as consequências da reorganização da unidade).

SOLUÇÃO PARA O COACHING DO FANTASMA
Puxe o foco de volta para a pessoa com quem você está falando. Reconheça o que está acontecendo e faça a Pergunta do Foco, que vai ser algo do tipo: "Acho que entendo mais ou menos o que está acontecendo com [insira a situação ou o nome da pessoa]. Mas qual é o verdadeiro desafio para você?"

Abstrações e Generalizações

– Então, no que você está pensando? – indaga você.

– Que bom que você perguntou. Não sei se leu o último post do blog da *Harvard Business Review* sobre isso, mas há algumas considerações interessantes sobre o embate entre estratégia e cultura. Sei que isso é algo que estamos analisando como parte do projeto e que a equipe sênior está considerando...

Você assente, seguro de que a pessoa logo vai chegar ao ponto.

– Bem, eu acho que, no geral, o desafio na mudança de cultura é que há uma diferença entre o que os líderes vivenciam e o que o restante de nós experimenta – prossegue a pessoa. – Ouvi dizer que chamam isso de "efeito maratona", porque a liderança cruza a linha e "termina a corrida" antes de todo mundo. Tem um livro de Edgar Schein em que ele propõe algumas coisas interessantes sobre isso...

Seu coração murcha um pouco. Talvez a pessoa nunca vá chegar ao ponto.

Não que esse tipo de conversa não seja interessante, porque quase sempre é. No entanto, parece uma discussão um tanto acadêmica ou um sumário executivo do que está acontecendo. O que não está claro é como isso vai se transformar em uma conversa na qual um problema será identificado e resolvido.

Esse é o momento em que você precisa fazer a Pergunta do Foco: "Então, qual é o verdadeiro desafio para você?"

SINTOMAS DAS ABSTRAÇÕES E GENERALIZAÇÕES

Você se vê numa conversa abrangente e de alto nível sobre o que está acontecendo. É quase como se a pessoa que fala fosse apenas uma observadora. É comum mencionar "nós" e "nosso", mas não "eu" e "meu".

SOLUÇÃO PARA AS ABSTRAÇÕES E GENERALIZAÇÕES

Se você sentir que está se afastando do assunto, precisa encontrar uma forma de esclarecer o desafio e conectá-lo à pessoa com quem está falando. Como no Coaching do Fantasma, trata-se de puxar o foco de volta para a pessoa em questão. Para isso, você precisa perguntar algo do tipo: "Tenho uma noção do desafio como um todo. Mas qual é o verdadeiro desafio para você?"

Passando de desempenho a desenvolvimento

No capítulo "A Pergunta de Arrancada", abordei brevemente a diferença entre coaching para desempenho e coaching para desenvolvimento. O coaching para desempenho é o que normalmente se aplica na gestão diária de problemas. O coaching para desenvolvimento vai além de simplesmente resolver problemas e transfere o foco para a pessoa que tenta resolvê-los. Como expliquei, é a diferença entre o fogo e a pessoa que quer apagá-lo.

O simples ato de acrescentar "para você" ao fim do maior número de perguntas possível é uma técnica básica para fazer as conversas se voltarem mais para o desenvolvimento. Sim, os problemas continuam sendo resolvidos, mas com "para você" há mais chances de haver também uma percepção pessoal e, com ela, vêm crescimento e capacidade maiores.

Três estratégias para fazer esta pergunta funcionar para você

Agora que você sabe por que a Pergunta do Foco funciona tão bem, eis algumas dicas para garantir que ela funcione para você.

Acredite que você é útil
No início do processo de mudança de comportamento, quando a pessoa passa do modo dar conselhos e fornecer soluções para o modo fazer perguntas, é normal sentir-se ansioso. "Só estou fazendo perguntas. Eles vão se dar conta disso a qualquer momento."

Aprenda a reconhecer o momento em que, logo após sua pergunta, há uma pausa, um segundo de silêncio, em que é possível ver o outro pensando e descobrindo a resposta. É quase como se você pudesse ver novas conexões se formando no cérebro dele.

Para se tranquilizar ainda mais, domine a última das Sete Perguntas Essenciais – "O que foi mais útil para você?" – e, assim, crie um momento de aprendizado para seu interlocutor e para você.

Lembre-se de que dar conselhos tem uma hora certa
Quando alguém enfiar a cabeça pela porta entreaberta da sua sala e perguntar "Você sabe onde está a pasta tal?", diga-lhe onde a pasta está. Não pergunte: "Qual é o verdadeiro desafio para você?" Isso seria irritante. (Embora fosse um jeito de fazer as pessoas pararem de interromper você; então, não descarte essa tática.) Um de seus papéis como gerente e líder é ter respostas. Estamos apenas tentando desacelerar a corrida para assumir esse papel como seu comportamento-padrão.

Lembre-se da segunda pergunta
Alguém já disse que tudo fica melhor com bacon. Tendo falhado como vegetariano, eu assino embaixo. Da mesma forma, toda pergunta fica melhor quando você adiciona "O que mais?".

Perguntar "Qual é o verdadeiro desafio para você?": bom. Acrescentar "O que mais? O que mais é um verdadeiro desafio para você?": melhor ainda.

Construa aqui seu novo hábito

QUANDO ISTO ACONTECER...
Descreva o momento, a pessoa e talvez os sentimentos que funcionam como gatilho para você.

....
....
....
....
....
....
....

O padrão que estamos vencendo aqui é dedicar-se excessivamente ao problema errado. Portanto, o gatilho é qualquer momento em que você começa a se concentrar em um desafio específico. Sugerir ideias para consertar as coisas parece mais confortável do que tentar descobrir qual é de fato o desafio presente na situação, mas é aí que reside o poder dessa questão. Então o gatilho pode ser quando sua equipe está discutindo um desafio ou um projeto e a conversa já passou para a fase das soluções; ou quando alguém em sua equipe está lidando com uma questão e você não tem certeza se ele identificou o ponto principal; ou quando você sente medo, ansiedade ou insegurança em relação a um desafio que tem diante de si.

EM VEZ DE...
Descreva o velho hábito que você deseja mudar. Seja específico.

....
....
....
....
....
....
....
....

Os Anuviadores são os velhos hábitos que você está tentando romper. Então, o "em vez de" aqui pode ser quando você decide que o primeiro desafio provavelmente é o problema a ser enfrentado; ou quando você mantém a questão complexa e abstrata, de modo que as pessoas tenham alguma noção do que se trata, ou assim você presume; ou quando são muitas as dificuldades e você está tentando superar todas ou elas parecem igualmente importantes; ou quando o problema é de outra pessoa (ou é outra pessoa); ou quando você não investe nenhum tempo no verdadeiro desafio e passa direto à ação.

EU VOU...
Descreva o novo hábito.

....
....
....
....
....
....
....
....
....

Tenho certeza de que será: "Perguntar: 'Qual é o verdadeiro desafio para você?'"

> **VEJA COMO FUNCIONA**
> No vídeo em inglês *How to Help Your Team Find Focus* (Como ajudar sua equipe a encontrar o foco), você vai encontrar várias perguntas e ferramentas para ajudar sua equipe a se concentrar e a realizar mais Trabalhos Grandiosos.
> Acesse: **TheCoachingHabit.com/videos**

● ● ●

DO LABORATÓRIO DA BOX OF CRAYONS

Quando pedimos à nossa pesquisadora, Lindsay, que nos revelasse a ciência por trás da Pergunta do Foco, ela apresentou vários estudos sobre as vantagens de ajudar as pessoas a estreitarem seu foco. Talvez você se lembre de que mencionei *O paradoxo da escolha*, de Barry Schwartz, em um capítulo anterior, e há vários estudos que mostram como limitar as escolhas reduz a sobrecarga e a policronicidade – uma palavra bonita para "multitarefa". Mas há mais nessa questão do que apenas fornecer o foco que irá liberar a criatividade e superar a procrastinação.

Parte do que faz a Pergunta do Foco funcionar tão bem são as duas palavras finais, "para você". Um estudo de 1997 envolvendo uma série bastante complexa de problemas matemáticos enfocou a consequência de ter a palavra "você" como parte do enunciado. Os pesquisadores descobriram que, quando esse termo estava presente, as pessoas pediam menos que a pergunta fosse repetida, resolviam-na mais depressa e com maior índice de acerto.

Você pode aproveitar esse insight e adicionar "para você" a *todas* as perguntas que fizer às pessoas. Isso as ajuda a descobrir as respostas com mais rapidez e precisão.

Masterclass de Perguntas Parte 4

Atenha-se a perguntas que **comecem com "o que" e afins**

Peter Senge se tornou conhecido na década de 1990 quando seu livro *A quinta disciplina* – tendo como tema as organizações que aprendem – atraiu a atenção de executivos por toda parte. Uma das ferramentas que ele introduziu foi chamada de "os cinco porquês", um processo autoexplicativo que trabalha uma questão de trás para a frente para encontrar a origem de "um problema pernicioso e recorrente".

Simon Sinek deu continuidade ao tema com seu popular *Comece pelo porquê: como grandes líderes inspiram pessoas e equipes a agir* (ele também tem uma excelente palestra no TED Talks). Para Sinek, as organizações devem ter clareza absoluta da razão de sua existência se quiserem inspirar as pessoas – clientes e funcionários – a permanecerem comprometidas com sua marca.

Ignore os dois autores.

Sim, há espaço para perguntar "Por quê?" no mundo empresarial. E não, não é enquanto você está em uma conversa focada com as pessoas que você gerencia. Aqui apresento dois bons motivos:

- Você os coloca na defensiva. Se usar o tom mesmo ligeiramente errado, seu "Por que...?" pode soar como "Que diabos você estava pensando?". A partir daí, é ladeira abaixo.
- Você está tentando resolver o problema. Você pergunta "Por que...?" por querer mais detalhes, para solucionar o problema. E de repente você está de volta aos círculos viciosos da sobrecarga e da dependência excessiva.

Se você não tenta resolver as coisas, **não precisa saber dos detalhes da história.**

Atenha-se a perguntas que começam com "O que" e afins ("No que", "A que", "Qual") e evite aquelas que começam com "Por que".

Eis seu novo hábito

QUANDO ISTO ACONTECER...
Quando eu ficar tentado a perguntar por quê...

EM VEZ DE...
Começar a pergunta com "Por que"...

EU VOU...
Reformular a questão para que comece com "O que". Eis alguns exemplos: em vez de "Por que você fez isso?", vou perguntar "O que você esperava como resultado?". Em vez de "Por que você achou que essa seria uma boa ideia?", vou dizer "O que o fez escolher essa série de ações?". Em vez de "Por que você está perdendo tempo com isso?", vou indagar "O que é importante para você?".

Uma irresistível combinação de 1-2-3

As três primeiras perguntas podem ser combinadas para formar um roteiro robusto para sua sessão de coaching.

Você vai ficar surpreso e empolgado com a frequência com que as frases a seguir são as perguntas certas a serem feitas.

Inicie com:
No que você está pensando?
A maneira *perfeita* de começar; a pergunta é aberta, porém focada.

Confirme:
Está pensando em mais alguma coisa?
Ofereça à pessoa a oportunidade de compartilhar outras preocupações.

Então comece a focar:
Qual é o verdadeiro desafio para você?
A conversa vai se tornar mais profunda. Sua tarefa agora é descobrir o que é mais útil examinar.

Pergunte:
O que mais (é o verdadeiro desafio para você)?
Acredite: a pessoa terá alguma coisa para responder. E pode haver mais.

Sonde de novo:
Mais alguma coisa?
A essa altura, você terá em mãos quase todas as informações de fato importantes.

Agora vá ao cerne da questão e pergunte de novo:
Então... qual é o verdadeiro desafio para você?

1 A Pergunta de Arrancada
No que você está pensando?

2 A Pergunta OQM
O que mais?

3 A Pergunta do Foco
Qual é o verdadeiro desafio para você?

4 A Pergunta de Base

5 A Pergunta Preguiçosa

6 A Pergunta Estratégica

7 A Pergunta do Aprendizado

4: A Pergunta de Base

O capítulo que discute a **questão fundamental** das relações entre adultos.

Como ser adulto

Peter Block é um brilhante pensador do comportamento no trabalho. Seu livro *Consultoria infalível* deveria estar na prateleira mais visível da estante de qualquer um que esteja tentando fazer algo dentro de uma empresa. Também é o caso de outro livro seu: *Comportamento organizacional: desenvolvendo organizações eficazes*. Já o ouvi definir o trabalho que faz como "dar às pessoas a responsabilidade pela própria liberdade". Essa é uma declaração importante, que tanto levanta questões quanto as responde. Uma delas pode ser "O que é liberdade?", a que Block provavelmente responderia dizendo que é ser capaz de agir como adulto no trabalho e de lidar com as pessoas à nossa volta como adultos também.

A Pergunta de Base: "O que você quer?"

Assumir a responsabilidade pela própria liberdade não é fácil. Block definiu um relacionamento entre adultos como aquele em que você é "capaz de dizer o que quer, mesmo sabendo que a resposta pode ser Não". É por isso que, no cerne deste livro, se encontra esta pergunta simples, porém poderosa: "O que você quer?" Às vezes me refiro a ela como Pergunta do Peixinho Dourado porque é comum que leve à seguinte reação: olhos arregalados e boca abrindo e fechando sem emitir nenhum som.

Eis o motivo de ela ser tão difícil de responder: muitas vezes não sabemos o que de fato queremos. Mesmo que haja uma resposta imediata, a pergunta "Mas o que você *realmente* quer?" com frequência fará as pessoas travarem.

Ainda que você saiba o que quer, o que *realmente* quer, quase sempre é difícil pedir. Inventamos razões para justificar por que não é apropriado fazer a solicitação – o momento não é ideal ou a pessoa vai dizer um sonoro Não ou replicar: "Quem é você, para fazer um pedido tão ousado?" E o que queremos muitas vezes não é dito.

Mesmo que você saiba o que quer e seja corajoso o suficiente para pedir, muitas vezes é difícil se expressar de forma que seja ouvido e compreendido. Às vezes, a responsabilidade é só sua: você esconde o que quer sob camadas de retórica. Ou deixa que questões menos importantes o distraiam do que almeja de fato. Ou confia que as dicas que dá são suficientes. Ou supõe que seus comentários ligeiramente passivo-agressivos transmitem o que deseja. Outras vezes, é responsabilidade dos outros que suas solicitações não sejam ouvidas: eles perseguem os próprios objetivos ou distorcem a realidade para que tudo confirme seus pontos de vista ou então fingem ouvir, mas não prestam atenção de fato.

E, ainda que você saiba e peça o que quer e tudo indique que seja ouvido, frequentemente é difícil ouvir a resposta, que pode ser Sim ou Não. Ou *Talvez*. Ou *Não isso, mas aquilo*. E, do outro lado da conversa, talvez seja complicado entender que, quando alguém faz um pedido, quando essa pessoa diz o que quer, não é obrigatório responder *Sim*. Pode-se dizer *Não*. Ou *Talvez*. Ou *Não isso, mas aquilo*.

Como você pode observar, há muitas razões para que o navio "*O que você quer?*" nunca saia do porto. George Bernard Shaw explicou de forma sucinta quando disse: "O maior problema com a comunicação é a ilusão de que ela ocorreu." A ilusão de que ambas as partes da conversa sabem o que a outra quer é comum – e abre caminho para muitas interações frustrantes.

No entanto, nem tudo está perdido. Uma das maneiras de garantir uma navegação mais tranquila é entender a diferença entre desejos e necessidades.

Diferenciando desejos e necessidades

Antes de começarem a me dar mesada, meus pais conversaram comigo sobre poupança e a diferença entre desejos e necessidades. Trata-se de uma distinção útil, e imagino que refletir alguns segundos sobre o assunto levanta as seguintes definições:

> Desejo: eu gostaria de ter isso.
> Necessidade: eu preciso ter isso.

Na teoria, essa diferenciação faz muito sentido. Na prática, é difícil evitar que tudo pareça necessidade, o que significa que a distinção cai por terra. Marshall Rosenberg é o criador da Comunicação Não Violenta (CNV), um processo de comunicação que "ajuda as pessoas a trocarem as informações necessárias para resolver conflitos e diferenças pacificamente".

A ilusão de que ambas as partes da conversa sabem o que a outra quer é comum – **e abre caminho para muitas interações frustrantes.**

No modelo CNV, Rosenberg explica de forma mais prática e sustentável as diferenças entre desejos e necessidades.

Para ele, desejos são as solicitações de superfície, os resultados táticos que gostaríamos de obter em uma situação. Um desejo pode ser qualquer coisa, desde receber um relatório em determinada data até entender se você precisa participar de uma reunião ou não. Esse tipo de informação é o que normalmente obtemos em resposta à pergunta: "O que você quer?"

Necessidades vão mais fundo, e identificá-las ajuda a compreender o impulso mais humano que pode estar por trás do desejo. A partir do trabalho do economista Manfred Max-Neef, Rosenberg diz que existem nove necessidades universais autoexplicativas:

AFEIÇÃO	CRIAÇÃO	RECREAÇÃO
LIBERDADE	IDENTIDADE	COMPREENSÃO
PARTICIPAÇÃO	PROTEÇÃO	SUBSISTÊNCIA

Quando perguntar a alguém "O que você quer?", ouça a resposta com atenção para tentar compreender a necessidade que provavelmente se encontra por trás do pedido dela. Por exemplo, quando alguém diz "Quero que você fale com o vice-presidente para mim", essa pessoa na verdade pode estar precisando de proteção (tenho um cargo muito júnior) ou de participação (preciso que você faça sua parte nesse projeto). Quando alguém diz "Quero sair mais cedo hoje", ele pode estar pedindo compreensão (a situação em casa está difícil) ou criação (preciso ir à aula). Quando alguém diz "Quero que você faça uma nova versão do relatório", a necessidade básica pode ser liberdade (não quero fazer isso), identidade (quero que você saiba que o chefe aqui sou eu) ou subsistência (meu sucesso depende de você fazer isso direito).

Reconhecer as necessidades da outra pessoa permite que você lide melhor com suas solicitações. E há também o outro lado: quando você expressar o que quer, tente demonstrar a necessidade por trás do pedido.

Faça uma pergunta. Troque respostas.

Não fui um aluno de direito exemplar. Não me lembro de quase nada das minhas aulas e terminei os estudos sendo processado por um dos professores por difamação. (É uma longa história.)

No entanto, uma coisa que meu cérebro absorveu é que a essência de um contrato é uma troca de valores. E esse princípio pode nos ajudar a construir relacionamentos mais resilientes e mutuamente benéficos com as pessoas com quem trabalhamos.

Há momentos em que é simplesmente melhor fazer uma pergunta. E há outras ocasiões em que compartilhar a *sua* resposta para a mesma questão pode ser a estratégia ideal. "O que você quer?" é uma reflexão extraordinariamente forte e que fica ainda mais poderosa quando, além de propô-la a alguém, você também a responde. Isso nos leva de volta ao argumento de Peter Block mencionado no início do capítulo, sobre a natureza das conversas entre adultos. Quando cada um de nós entende o que o outro quer, se estabelece uma troca interessante e positiva. E isso acontece em parte por causa da neurociência do engajamento.

Nossa nova fronteira: a neurociência do engajamento

Quando acessamos nossos laptops do século XXI, um clique no Google Earth mostra que já não nos resta muita *terra incognita*. Você pode visitar qualquer país, e algumas pessoas intrépidas já conheceram todos.

Porém ainda há novas fronteiras de conhecimento a ser exploradas, e uma das mais empolgantes é a neurociência, o estudo do cérebro. Usando experimentos criativos e tecnologia sofisticada – como aparelhos de ressonância magnética funcional e eletroencefalogramas –, começamos a verificar que a arte da liderança tem sua base na ciência. Agora podemos ver o que realmente funciona e o que não funciona em nossas tentativas de promover o engajamento daqueles que gerenciamos e influenciamos.

E, já que estamos no coração deste livro com a Pergunta de Base, este é o momento perfeito para estabelecer a conexão entre sua cabeça e seu hábito de fazer coaching, examinando a neurociência do engajamento.

Cinco vezes por segundo

O "princípio organizador fundamental do cérebro", nas palavras do neurocientista Evan Gordon, é a reação de risco e recompensa. Cinco vezes por segundo, em um nível inconsciente, seu cérebro avalia o ambiente e se pergunta: "É seguro aqui? Ou é perigoso?"

Ele gosta de segurança, claro. Quando se sente seguro, o cérebro pode operar em seu grau mais sofisticado. O pensamento se torna mais sutil e você, mais capaz de perceber e lidar com ambiguidades. Você presume que as pessoas à sua volta

Cinco vezes por segundo, seu cérebro avalia o ambiente e se pergunta:
É seguro aqui? Ou é perigoso?

QUANDO AS **PERGUNTAS RETÓRICAS** DEIXARÃO DE SER FEITAS?

George Carlin

têm boas intenções e consegue fazer uso da sabedoria coletiva. Nesse ponto, encontra-se comprometido e avança.

Mas quando o cérebro reconhece o perigo, a resposta é bem diferente. Nesse caso, o órgão passa ao familiar mecanismo de luta ou fuga, a que alguns chamam de "sequestro da amígdala". As coisas ficam em preto e branco. Você passa a supor que os outros estão *contra* você, então se torna menos capaz de se comprometer de forma consciente e recua – às vezes até fisicamente.

E não se trata de uma decisão equilibrada. Por razões evolutivas óbvias, tendemos a presumir que as situações são perigosas. Podemos até nos equivocar, mas, ao longo da história da evolução da humanidade, a estratégia de sobrevivência de mais sucesso sempre foi "melhor prevenir do que remediar".

Em outras palavras, se você não tiver certeza em relação a uma situação, vai recorrer ao padrão geral de interpretação: é insegura. E começar a recuar.

Espere, volte!

E aí está o desafio para você como gerente ocupado e ambicioso. *Você* quer que as pessoas com quem interage – sua equipe, seu chefe, seus clientes, seus fornecedores – se envolvam mais do que recuem. *Você* quer que seu pessoal sinta que trabalhar com você significa estar em um lugar de recompensa, não de risco. Além disso, *você* também quer se sentir seguro para poder funcionar no seu modo mais inteligente, não no modo luta ou fuga.

Então, como influenciar o cérebro dos outros e o próprio para que as situações sejam interpretadas como recompensadoras, não perigosas?

Há quatro motivadores principais – cujo acrônimo forma a palavra TERA – que influenciam como o cérebro interpreta qualquer situação. TERA é um acrônimo apropriado, pois traz à mente o termo *terroir*: a influência que a localização tem no sabor do vinho feito com as uvas ali cultivadas. Quando você se concentra no TERA, está pensando em como pode influenciar o ambiente que gera o engajamento.

- **T de tribo.** O cérebro pergunta: "Essa pessoa está comigo ou contra mim?" Se acreditar que está do lado dele, isso aumenta o Quociente TERA. Se a vir como adversária, o Quociente TERA cai.

- **E** de expectativa. O cérebro está tentando descobrir: "Eu conheço o futuro ou não?" Se o que vai acontecer a seguir estiver claro, a situação parece segura. Se não, a percepção será de perigo.
- **R** de ranking. Trata-se de um conceito relativo: não depende de títulos formais, mas de como o poder se estabelece no momento. "Essa pessoa é mais importante ou menos importante do que eu?" é a pergunta que o cérebro faz e, caso considere que o outro diminui seu status, a situação parecerá menos segura.
- **A** de autonomia. Daniel H. Pink fala sobre a importância disso em seu excelente livro *Motivação 3.0*. "Eu tenho voz ou não?" – essa é a pergunta que o cérebro faz enquanto mede o grau de autonomia que você tem em determinada situação. Se você acredita que de fato tem escolha, então é mais provável que esse ambiente seja de recompensa e, portanto, de engajamento. Se você acredita que não tem opção, ele se torna menos seguro para você.

Seu trabalho é aumentar o Quociente TERA sempre que puder. Isso é bom para a pessoa com quem você está falando e é bom para você. Fazer perguntas em geral – e especificamente "O que você quer?" – o ajudará nessa tarefa.

Agindo assim, você aumenta o espírito de tribo, pois, em vez de ditar o que alguém deve fazer, você o ajuda a solucionar um desafio. Com isso, fortalece a noção de autonomia dessa pessoa – por presumir que ela pode encontrar respostas e encorajá-la a isso – e também sua posição no ranking, porque você permite que ela tenha voz e fale primeiro. A frase "O que você quer?" afeta bastante a percepção de ranking e autonomia. O outro fator, a expectativa, pode cair um pouco (afinal, uma interrogação traz mais incertezas do que uma resposta), mas tudo bem. Seu objetivo é aumentar o Quociente TERA geral e, ao fazer perguntas, é exatamente o que acontece.

Construa aqui seu novo hábito

QUANDO ISTO ACONTECER...
Descreva o momento, a pessoa e talvez os sentimentos que funcionam como gatilho para você.

....
....
....
....
....
....
....
....

O gatilho para esse hábito é quando você, seu interlocutor ou a conversa parecem um pouco emperrados. Talvez seja o momento em que você repassa as opções e nenhuma delas parece boa, empolgante ou engajadora. Também pode ser quando seu interlocutor (ou você) está postergando a ação e você não compreende o motivo. Ou, quem sabe, quando você estiver em uma conversa um pouco tensa com alguém – um membro da sua equipe, seu chefe, um cliente, um fornecedor.

Talvez a conversa esteja descarrilando sem que tenha começado de verdade e você tente encontrar um meio de voltar para os trilhos.

EM VEZ DE...
Descreva o velho hábito que você deseja mudar.

....
....
....
....
....
....
....
....
....
....

A armadilha do antigo hábito é você achar que sabe o que os outros querem. E, às vezes, eles acham que sabem o que querem. Então o "em vez de..." aqui é quando você tem certeza de saber o que eles querem apesar de não ter lhes perguntado ou os momentos em que você segue em frente mesmo achando que ainda não compreendeu tudo. Ou quando tenta impor sua ideia, sua opinião ou seu curso de ação. Ou quando você está empacado, sem agir em relação a algo, e não descobre o motivo.

EU VOU...

Descreva o novo hábito.

....
....
....
....
....
....
....
....

É simples. Pergunte "O que você quer?". Para conseguir um bônus, diga à pessoa o que você quer também.

VEJA COMO FUNCIONA
Assista ao vídeo em inglês *The TERA Quotient* (O Quociente TERA) e veja como traduzir a neurociência do engajamento em táticas e comportamentos que ajudarão você e a sua equipe a se manterem engajados.
Acesse: TheCoachingHabit.com/videos

• • •
DO LABORATÓRIO DA BOX OF CRAYONS

Quando pedi a Lindsay, nossa pesquisadora, que investigasse a pergunta "O que você quer?", ela me levou para o mundo da psicoterapia. E eu a segui com relutância. A terapia em suas muitas formas pode, é claro, ser uma intervenção extraordinariamente eficaz, mas em geral não é uma ferramenta para gerentes utilizarem na empresa.

No entanto, há algo que podemos aprender com a terapia focada na solução. Nesse ramo, usa-se uma pergunta direta conhecida como "pergunta do milagre". Há variações, mas basicamente é assim: "Suponha que esta noite, enquanto estiver dormindo, um milagre aconteça. Quando você levantar amanhã, como vai saber que as coisas subitamente melhoraram?"

A pergunta do milagre ajuda as pessoas a imaginarem mais corajosamente como seria o melhor (e o *muito* melhor). Algo 10 vezes melhor, não um progresso de 10%. Mas acho que grande parte de sua genialidade é que também se concentra deliberadamente no fim antes dos meios. Em outras palavras, comece com o objetivo em mente, em vez de desanimar porque (como acontece com frequência) pensou primeiro nas etapas que precisaria cumprir.

A Pergunta de Base – "O que você quer?" – é mais direta, porém tem o mesmo efeito de atrair as pessoas para o resultado. E, uma vez que você vê o destino final, a jornada muitas vezes se torna mais clara.

Masterclass de Perguntas Parte 5

Sinta-se
à vontade com o silêncio

Às vezes, quando você faz a alguém uma das Sete Perguntas Essenciais, recebe o silêncio como resposta.

Um silêncio interminável, que ecoa.

E por "interminável" quero dizer que às vezes dura três ou quatro segundos.

Nesses momentos, quando tudo desacelera como na cena dos tiros do filme *Matrix*, você se desespera para preencher o vazio.

Deixe essa angústia existencial de lado. O silêncio costuma ser uma medida do sucesso.

Pode ser que a pessoa que você está treinando seja do tipo que precisa de um momento ou três para formular a resposta na cabeça antes de falar. Nesse caso, você está lhe dando esse espaço. Ou pode ser que, como eu, ela seja do tipo que normalmente não sabe o que dizer logo de cara.

De qualquer forma, isso significa que ela está pensando, procurando a resposta. Está criando novos caminhos neurais e, com isso, literalmente aumentando seu potencial e capacidade.

Segure a língua e não preencha o silêncio. Sei que é desconfortável, mas isso abre espaço para aprendizados e insights.

O silêncio costuma ser **uma medida do sucesso.**

Eis seu novo hábito

QUANDO ISTO ACONTECER...
Quando eu fizer uma pergunta e a pessoa não responder em dois segundos...

EM VEZ DE...
Preencher o espaço com outra pergunta, reformular a que já fiz, sugerir algo ou apenas dizer palavras sem sentido...

EU VOU...
Respirar fundo e me manter aberto e em silêncio por mais três segundos.

1 A Pergunta de Arrancada
No que você está pensando?

2 A Pergunta OQM
O que mais?

3 A Pergunta do Foco
Qual é o verdadeiro desafio para você?

4 A Pergunta de Base
O que você quer?

5 A Pergunta Preguiçosa

6 A Pergunta Estratégica

7 A Pergunta do Aprendizado

5: A Pergunta Preguiçosa

O capítulo que revela a pergunta que vai torná-lo mais útil para aqueles que você gerencia e fazê-lo trabalhar menos – e **concluir que, afinal, ser preguiçoso é bom.**

Você é tão... "prestativo"

Você é uma boa pessoa e faz o máximo que pode para que sua equipe se desenvolva. Você quer "agregar valor" e ser útil. Gosta de sentir que está contribuindo. No entanto, existe ser prestativo e existe ser "prestativo", do tipo que intervém e assume o controle. Muitas vezes você é enganado e segue a segunda opção. Então todos – você, a pessoa que você está "ajudando", a empresa – pagam um preço pela sua tentativa de ajuda. Suas boas intenções acabam contribuindo para um ciclo incessante de exaustão, frustração e, ironicamente, resultados menos favoráveis.

Edgar Schein decifrou o paradoxo de ser prestativo em seu ótimo livro *Ajuda: a relação essencial*. Seu ponto crucial é a percepção de que, quando você oferece ajuda, você "cresce": seu status aumenta enquanto o da outra pessoa diminui, queira você ou não. Essa ideia parece contraintuitiva, eu sei, porque muitas vezes o desejo de ajudar é bem-intencionado. Entretanto, ela se mostra verdadeira quando você se coloca no lugar da pessoa que recebe a ajuda. Se pensar nas ocasiões em que a "ajuda" foi imposta, provavelmente perceberá uma curiosa mistura de reações que incluem resistência, frustração, desempoderamento e irritação.

Assim, como você pode moderar sua abordagem para se tornar prestativo de uma forma que realmente ajude com mais frequência? Um ponto de partida útil é o triângulo que demonstro a seguir.

Os (novos) sete anões e o triângulo do drama de Karpman

A análise transacional é um modelo terapêutico um pouco fora de moda que, apesar de intrigante, é quase impossível de aplicar diretamente a empresas, pois envolve muito o discurso terapêutico. O triângulo do drama, uma interpretação da análise transacional desenvolvida por Stephen Karpman, é uma forma de tornar esse modelo prático e útil.

O triângulo do drama começa presumindo que, pelo menos em parte do tempo, apresentamos versões nada maravilhosas de nós mesmos para a maioria das pessoas com as quais interagimos. Se você já se viu no papel de um dos sete anões disfuncionais (Emburrado, Resmungão, Histérico, Irritável, Mártir, Sensível e Petulante), mesmo sabendo que não está agindo certo, entende o que quero dizer.

Quando isso acontece, segundo Karpman, estamos alternando entre três papéis arquetípicos: Vítima, Perseguidor e Salvador – cada um deles tão inútil e disfuncional quanto os outros. Ao ler as descrições a seguir, faça duas coisas: tente se recordar de alguém que seja particularmente adepto de cada papel e pense nas circunstâncias em que você mais comumente os desempenha.

Vítima
Crença essencial: "Minha vida é tão difícil; minha vida é tão injusta. Pobre de mim."
Dinâmica: "Não é minha culpa (é deles)."
Benefícios de desempenhar esse papel: Você não tem responsabilidade de consertar nada; você pode reclamar; você atrai Salvadores.
Preço pago por desempenhar esse papel: Você tem a sensação de que qualquer mudança está fora de seu alcance. É conhecido por ser ineficaz. E ninguém gosta de chorões.
Paralisia: "Eu me sinto paralisado porque não tenho poder nem influência. Eu me sinto inútil."

Perseguidor
Crença essencial: "Estou cercado por tolos, idiotas e pessoas que não são tão boas quanto eu."
Dinâmica: "Não é minha culpa (é sua)."
Benefícios de desempenhar esse papel: Você se sente superior e tem a sensação de poder e controle.
Preço pago por desempenhar esse papel: Você acaba sendo responsável por tudo. Você cria Vítimas. Torna-se conhecido como microgerente. As pessoas fazem o mínimo para você e nada mais. E ninguém gosta de valentões.
Paralisia: "Eu me sinto paralisado porque não confio em ninguém. E me sinto sozinho."

Salvador
Crença essencial: "Não brigue, não se preocupe, deixe que eu assumo e resolvo."

Dinâmica: "É minha culpa/responsabilidade (não sua)."

Benefícios de desempenhar esse papel: Você se sente moralmente superior; acredita que é indispensável.

Preço pago por desempenhar esse papel: As pessoas rejeitam sua ajuda. Você cria Vítimas e perpetua o triângulo do drama. E ninguém gosta de intrometidos.

Paralisia: "Eu me sinto paralisado porque minha ajuda não surte efeito. E fico sobrecarregado."

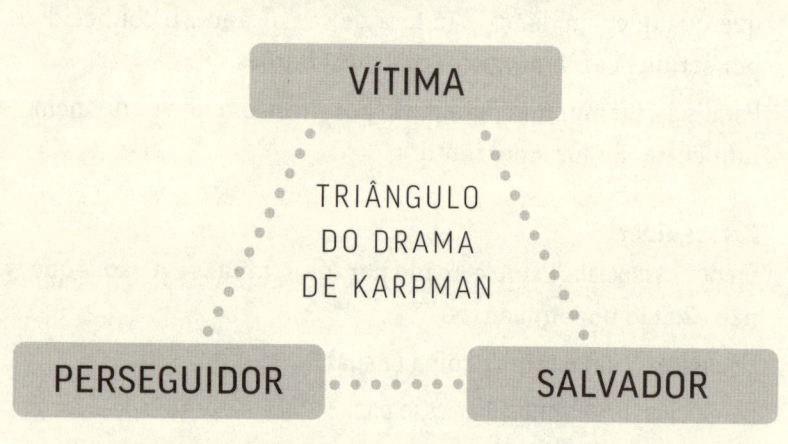

```
            VÍTIMA

         TRIÂNGULO
          DO DRAMA
         DE KARPMAN

PERSEGUIDOR      SALVADOR
```

Esses três rótulos não são definições de quem você é; eles descrevem como você se comporta em determinada situação. Ninguém é inerentemente Vítima, Perseguidor ou Salvador. Esses são papéis que desempenhamos ao reagir a um gatilho e, nesse estado, colocamos em ação uma versão menos eficaz de nós mesmos.

"O mundo inteiro é um palco..."

Nós desempenhamos esses papéis o tempo todo. É comum passarmos pelos três papéis em uma única interação com alguém. Para explicar, eis uma conversa fictícia entre mim e um cliente sobre uma palestra:

Eu [histérico]: A configuração desta sala está toda errada! Enviei minhas solicitações de como eu queria isso. Qual é a dificuldade de preparar uma sala conforme o solicitado? E água? Só tem água para as pessoas? A sessão começa em quinze minutos! (Perseguidor)

Cliente [lamuriando-se]: Enviei o pedido com sua configuração para o pessoal da logística, mas é muito difícil conseguir uma resposta deles, e tive que organizar essa conferência toda sozinho, sem nenhum apoio e... (Vítima)

Eu [resignado]: Olhe, não se preocupe. Eu mesmo vou reorganizar a sala e preparar os aparelhos. E vou fazer café suficiente para todos. (Salvador)

Cliente [frustrado]: Isso é típico de palestrantes *prima donna* como você. Estamos pagando muito bem, mas você quer tudo "perfeito", então assume o comando se não ficar feliz. (Perseguidor)

Eu [em tom de lamento]: Só estou tentando garantir que minha palestra seja boa. Ninguém entende como é difícil arrumar a sala do jeito certo e, quando você tenta, todo mundo fica com raiva. (Vítima)

E por aí vai.

E isso pode acontecer ainda mais rápido. Pense na pessoa mais irritante de sua equipe no momento, aquela que está dificultando as coisas para você agora. Percebeu que, num piscar de olhos, você foi quase ao mesmo tempo Perseguidor (Ele me deixa tão bravo!), Vítima (Não é justo, por que não posso transferi-lo para a equipe de outra pessoa?) e Salvador

(Vou continuar tentando fazer o trabalho dele até que ele dê conta sozinho)?

Seu papel recorrente

Dito isso, tendemos a ter um papel predileto ao qual recorremos mais. Se você for como a maior parte das pessoas a quem ensinei, se lhe pedirem que identifique qual desses papéis desempenha com mais frequência, vai escolher o Salvador. E, mesmo que o Salvador não seja seu padrão, aposto que você o reconhece muito bem.

Quando se está no modo Salvador, é comum intervir para resolver problemas, oferecer conselhos, assumir responsabilidades que os outros têm todo o direito de manter. Você age assim com boas intenções. Só está tentando ajudar, "agregar valor" como gerente. Mas dá para ver o preço que os dois lados pagam: você fica exausto e eles, irritados. Agindo assim, você limita as oportunidades de crescimento e de expansão do potencial das pessoas com quem trabalha.

Talvez você esteja começando a compreender que os Salvadores criam Vítimas, embora queiramos acreditar no inverso (o que também é verdade, mas não a única verdade).

Você está condenado? (Sim, você está condenado)

Distinguir a presença do triângulo do drama é um importante primeiro passo para romper o padrão de trabalhar em excesso e ficar acuado pela falta de tempo. Uma vez que compreenda os gatilhos, você pode começar a reformular o hábito.

A má notícia é que você está destinado a cair no triângulo do drama pelo resto da vida.

ASSIM QUE COMEÇAMOS A PENSAR QUE TEMOS TODAS AS RESPOSTAS, **ESQUECEMOS AS PERGUNTAS**.

Madeleine L'Engle

A boa notícia é que você vai ficar cada vez melhor em reconhecer e romper o padrão mais rápido e com mais frequência.

Samuel Beckett disse bem: "Continue falhando. Vá em frente. Mas, da próxima vez, tente falhar melhor."

Você falhará melhor ao reconhecer mais depressa que está no triângulo do drama e ao fazer a Pergunta Preguiçosa – "Como posso ajudar?" – para escapar mais rápido dele.

A Pergunta Preguiçosa: "Como posso ajudar?"

"Como posso ajudar?" é uma pergunta duplamente poderosa. Primeiro, com ela, você leva seu interlocutor a solicitar algo de forma clara e direta. Isso pode ser útil para ele, que talvez não esteja tão certo do motivo para ter começado a conversa com você. Ele quer algo, mas, até que você indagasse, não havia percebido que não estava sendo claro em relação a isso. A menos que estivesse – e, nesse caso, a pergunta é útil para você, que agora pode decidir se quer atender ao pedido.

Em segundo lugar (e possivelmente ainda mais útil), ela impede que você corra para intervir por acreditar que já sabe a melhor forma de ajudar. Esse seria o comportamento clássico do Salvador. Assim como "O que mais?", essa pergunta é uma ferramenta de autogestão para mantê-lo curioso e fazê-lo despender menos esforço. Horas demais do seu dia são gastas fazendo coisas que você acha que as pessoas querem que você faça. Às vezes, você está completamente equivocado – mas isso não é o pior, porque se resolve de forma relativamente rápida. O pior é quando você está errado apenas em parte. Quando se vê fazendo mais ou menos o que eles querem, mas não o suficiente para que seja de fato útil, nem tão errado para que alguém lhe diga que pare.

Seja incisivo...

A versão mais direta de "Como posso ajudar?" é "O que você quer de mim?". Se "Como posso ajudar?" fosse James Bond de smoking, então "O que você quer de mim?" seria 007 no modo escapar do covil dos bandidos. Essa variante reduz a conversa a compreender a troca essencial: "O que você quer? O que eu quero? E o que vamos fazer a respeito?"

... mas tome cuidado

Você pode imaginar que a maneira como a pergunta "O que você quer de mim?" é recebida depende, em grande parte, do tom em que é feita. Se fôssemos associá-la ao triângulo do drama, no modo Perseguidor ela poderia soar agressiva; no modo Vítima, lamurienta; no modo Salvador, opressora.

Uma forma de suavizar essa pergunta, bem como qualquer outra, é iniciá-la com a expressão "Por curiosidade". Ela evita que a frase soe como uma inquisição. Outras expressões que podem abrandar sua abordagem são "Só para eu saber...", "Para me ajudar a entender melhor..." ou mesmo "Para ter certeza de que estou sendo claro...".

O medo de perguntar "Como posso ajudar?" e a forma de superá-lo

A maior preocupação que as pessoas têm em relação a perguntar "Como posso ajudar?" é a variedade de respostas:

- "Preciso que você faça este trabalho horrível/irracional/impossível."

- "Gostaria que você tivesse a conversa difícil que estou evitando."
- "Você pode, por favor, me ceder todo o seu orçamento?"
- "Eis mais um item para a sua já gigantesca pilha de responsabilidades."

O que é essencial ressaltar é que, independentemente da resposta que obtiver, você tem uma série de réplicas à disposição.

"Sim" é uma delas, claro. Sempre se pode dizer Sim. Mas você não tem que dizer Sim – e achar que isso é obrigatório é a causa de seu nervosismo.

"Não, não posso fazer isso" é outra opção. Ter coragem de dizer Não é uma das maneiras de deixar de ser "prestativo".

"Não posso fazer isso... mas poderia [insira sua contraoferta]" é um bom meio-termo. Não dê simplesmente um Não; ofereça opções.

E, por fim, você pode ganhar tempo e dizer: "Deixe-me pensar um pouco" ou "Não tenho certeza. Vou precisar verificar algumas coisas antes".

Evite a sedução de ser um Salvador com este novo hábito

Quando alguém começa a lhe contar o que está acontecendo, é muito difícil resistir a entrar no modo dar conselhos/oferecer soluções. E fica quase impossível quando a pessoa faz um apelo direto a um conselho seu: "Como eu...?" ou "O que você acha que eu deveria fazer em relação a...?". Sedutoras e perigosas, essas perguntas são o queijo na ratoeira, a luz nos dispositivos antimosquitos, a barra de chocolate no armário. Antes que você perceba, está respondendo.

"O que você acha que eu deveria fazer em relação a...?" é **o queijo na ratoeira**.

Bem, dar conselho tem sua hora e seu lugar. O objetivo aqui *não* é evitar que você proponha uma solução, mas melhorar sua capacidade de fazer as pessoas encontrarem as próprias saídas.

Eis seu novo hábito

QUANDO ISTO ACONTECER...
Alguém ligar para você, aparecer na sua sala, gritar do outro lado do escritório ou mandar uma mensagem de texto perguntando: "Como eu [insira a pergunta mais provável de fazê-lo cair na armadilha]?"

EM VEZ DE...
Dar a resposta...

EU VOU...
Dizer: "Ótima pergunta. Tenho algumas ideias a respeito para compartilhar com você. Mas, antes disso, quais são suas primeiras impressões?"

Quando a pessoa responder, você vai assentir e se mostrar envolvido e interessado e, assim que ela terminar, você dirá: "Isso é ótimo. O que mais você poderia fazer?"

Mais acenos positivos de cabeça, mais demonstrações de interesse.

Então diga: "Tudo isso é muito bom. Tem mais alguma coisa que você possa tentar aqui?"

E então, somente então, você pode acrescentar sua proposta ao conjunto, se quiser. E, claro, se a conversa estiver fluindo bem, continue perguntando "E o que mais?" até as ideias da outra pessoa se esgotarem.

Construa aqui seu novo hábito

QUANDO ISTO ACONTECER...
Descreva o momento, a pessoa e talvez os sentimentos que funcionam como gatilho para você.

....
....
....
....
....
....
....
....

O gatilho aqui é quanto você quer ajudar. Então, o que o motiva? Provavelmente quando alguém pergunta "Como eu...?", "Você poderia...?" ou "Qual é a maneira de...?". Ou talvez seja simplesmente alguém chegar à sua sala, discutir um problema, e a solução perfeita surgir em sua mente. Ou quando isso acontece em uma reunião de equipe. Ou quando você pensa consigo mesmo: *É mais rápido eu mesmo fazer isso*, ainda que você não tenha certeza absoluta do que seria "isso". Resumindo, é toda vez que você sente o impulso de intervir, ajudar e se oferecer como voluntário. E a grande afronta aqui – a seu tempo, seu esforço e suas boas intenções – é que a outra pessoa talvez não queira nem precise do que você está prestes a lhe dar.

EM VEZ DE...
Descreva o velho hábito que você deseja mudar. Seja específico.

....
....
....
....
....
....
....

O velho hábito que você está rompendo é entrar imediatamente no modo prestativo. Você dá a solução, fornece a resposta, acrescenta mais um item à sua lista de tarefas. Pressupõe que sabe o que está sendo pedido, mesmo que a solicitação não tenha sido feita com clareza. Em resumo, você assume a responsabilidade.

EU VOU...
Descreva o novo hábito. Provavelmente ele será uma versão de "Vou perguntar: 'Como posso ajudar?'"

....
....
....
....
....

Ao perguntar "Como posso ajudar?", você está buscando clareza. E pode ser ainda mais incisivo dizendo: "O que quer de mim?"

> **VEJA COMO FUNCIONA**
> No vídeo em inglês *How to Be More Helpful – Rather than "Helpful"* (Como ser mais prestativo – em vez de "prestativo"), Michael analisa o trabalho de Edgar Schein para ajudar a aprofundar nossa compreensão de por que nossas melhores tentativas de ser prestativos geram resistência e acabam em fracasso.
> Assista também à série de quatro vídeos em inglês intitulada *The Drama Triangle Recap* (A recapitulação do triângulo do drama). Afinal, se o triângulo fez você se identificar com esse tipo de situação, agora será possível aprender ainda mais e levar essa sabedoria adiante.
> Acesse: **TheCoachingHabit.com/videos**

• • •

DO LABORATÓRIO DA BOX OF CRAYONS

No capítulo sobre a pergunta "O que mais?", mencionamos uma pesquisa que revelou que o tempo médio que um médico levava para interromper seus pacientes era de apenas 18 segundos. Mas nossa pesquisadora da Box of Crayons encontrou outros estudos que nos mostram que as habilidades de conversação não estão ausentes em todos os médicos.

Lindsay descobriu um trabalho que analisou as diferentes abordagens para iniciar uma conversa com um paciente. Alguns médicos usavam uma indagação mais geral: "Como posso ajudar?" Outros recorriam a perguntas de confirmação, como: "Você veio aqui hoje por causa da sinusite, certo?" Com as indagações mais gerais, os pacientes davam explicações mais longas de suas queixas e mencionavam sintomas mais específicos e menos evidentes – sendo, portanto, mais provável que se concentrassem no problema real. Como bônus, os médicos que fizeram as perguntas mais gerais também receberam pontuações mais altas na avaliação dos pacientes.

Quando você usa a Pergunta Preguiçosa ou outra indagação mais aberta e genérica, além de mais eficiente, você é mais respeitado – é o que a ciência nos diz.

Masterclass de Perguntas Parte 6

Dê atenção à resposta

Você faz uma das Sete Perguntas Essenciais.

E então passa para o modo de Escuta Ativa Faixa Preta: assentir como um boneco com pescoço de mola, emitir pequenos grunhidos de encorajamento, manter contato visual a todo custo.

No entanto, dentro de sua cabeça há um alvoroço de distrações. Talvez você esteja preocupado com a pergunta que deve fazer em seguida. Talvez esteja pensando em como amarrar toda essa conversa o mais rápido possível. Talvez esteja se perguntando se essa noite é sua vez de cozinhar e se você tem alho suficiente na despensa ou se talvez fosse melhor comprar um pouco a caminho de casa.

Em qualquer caso, a roda está girando, mas o hamster já morreu. (Nunca consegui descobrir quem inventou essa frase, mas eu lhe dou os parabéns.)

Uma das atitudes mais inspiradoras que você pode ter depois de fazer uma pergunta é *ouvir a resposta com atenção genuína*. Mantenha-se curioso, meu amigo.

A roda está girando, mas o hamster já **morreu.**

Eis seu novo hábito

QUANDO ISTO ACONTECER...
Depois que eu perguntar algo...

EM VEZ DE...
Fazer esforço para parecer que estou ouvindo ativamente...

EU VOU...
Ouvir de verdade. E, quando me distrair (o que vai acontecer), vou voltar a escutar e prestar atenção depressa.

1 A Pergunta de Arrancada
No que você está pensando?

2 A Pergunta OQM
O que mais?

3 A Pergunta do Foco
Qual é o verdadeiro desafio para você?

4 A Pergunta de Base
O que você quer?

5 A Pergunta Preguiçosa
Como posso ajudar?

6 A Pergunta Estratégica

7 A Pergunta do Aprendizado

6: A Pergunta Estratégica

O capítulo que leva você ao âmago da sobrecarga e **revela a pergunta que permeia toda boa estratégia.**

Mais impacto positivo, mais significado

Sabe aquele trabalho que você faz e simplesmente ama? É o tipo de tarefa que prende sua atenção e o estimula. Não é só por fazer diferença e ter um impacto positivo; é porque significa algo para você. E, para ser sincero, é o serviço que você esperava fazer quando se candidatou ao emprego.

Só que há também todos aqueles *outros serviços* que você tem que executar.

Na Box of Crayons, fazemos a distinção entre Trabalho Bom (o tipo de tarefa cotidiana, prática, que está na descrição do meu cargo) e o Trabalho Grandioso (o trabalho que tem, ao mesmo tempo, mais significado e mais impacto positivo). Nosso objetivo é ajudar as empresas e seu pessoal a fazerem menos Trabalhos Bons e mais Trabalhos Grandiosos.

Provavelmente você pode imaginar como as coisas seriam diferentes se você e sua equipe fizessem, digamos, 10% mais

Trabalhos Grandiosos. Mas, sinceramente, quem tem tempo para isso? Na verdade, se o capítulo sobre a Pergunta Preguiçosa ("Como posso ajudar?") o deixou um tanto inquieto, talvez você esteja com medo de que alguém lhe dê de fato uma resposta. Você já está atrasado com os e-mails, as reuniões, os prazos, o exercício, a leitura e o tempo com a família. Já está funcionando na capacidade máxima. Como poderia dizer Sim a mais uma coisa?

Vamos parar de dizer "É um ocupado bom"

Ao mesmo tempo, de forma nada lógica para estes tempos turbulentos de conectividade incessante, organizações enxutas e globalização, é de praxe gabar-se sobre estar empenhado e sobrecarregado.

– Como você está? – alguém pergunta.

– Ocupado – você responde. – Mas um ocupado *bom*.

Aos poucos, estamos despertando para o fato de que estar ocupado não é uma medida de sucesso. O escritor George Bernard Shaw já sabia disso havia muitos anos ao declarar uma de suas máximas revolucionárias: "O homem racional se adapta ao mundo; o irracional persiste em tentar adaptar o mundo a ele. Portanto, todo progresso depende do homem irracional." Tim Ferriss, autor do livro *Trabalhe 4 horas por semana: fuja da rotina, viva onde quiser e fique rico*, tocou no ponto sensível quando disse: "Estar ocupado é uma forma de preguiça – pensamento preguiçoso e ação irrefletida." (E *não* é esse o tipo bom de preguiça que eu promovo no capítulo anterior.)

Vamos também esquecer o "Trabalhe de maneira mais inteligente, não mais esforçada"

As pessoas têm muitos conselhos "sábios" para dar. "Trabalhe de maneira mais inteligente, não mais esforçada", "Seja mais estratégico"... Essas máximas tendem a entrar na categoria VMI: Verdadeiras Mas Inúteis – soam bem, porém é impossível pô-las em prática. A verdade é que "estratégico" se tornou um adjetivo banalizado, algo que acrescentamos a qualquer coisa para que pareça mais importante, mais útil, mais criteriosa... melhor. Já não se trata de uma simples reunião. É uma reunião estratégica. Um relatório estratégico. Um almoço estratégico. Uma compra estratégica daquele fantástico par de sapatos caríssimos que venho namorando há algum tempo e continuam não cabendo no meu orçamento.

Isso tudo pode deixar os funcionários extremamente indiferentes à ideia de estratégia. Quando você combina o uso excessivo do termo com o fato de que qualquer coisa relacionada à estratégia muitas vezes é vista como "trabalho *deles*" – sendo "eles" aqueles que estão dois ou três níveis acima dos funcionários em geral –, é bem provável que você encontre um caso grave, porém previsível, de PEPS: Planos Estratégicos na Prateleira Superior.

No entanto, estratégia não são slides do PowerPoint impressos para juntar poeira em algum lugar. Ela é muito mais fundamental e comum. Das muitas definições de "estratégia" que já vi, creio que aquela de que mais gosto é a de Michael Porter, quando ele diz: "A essência da estratégia é a escolha do que não fazer."

A Pergunta Estratégica: ao dizer Sim a isto, a que você estará dizendo Não?

Essa pergunta é mais complexa do que parece, o que se justifica pelo seu potencial. Para começar, você pede às pessoas que sejam claras e tenham comprometimento com o Sim delas. Com bastante frequência, as pessoas concordam com algo, mas sem convicção ou, o que é ainda mais provável, acontece um grande mal-entendido sobre o que foi acordado. (Você já ouviu ou pronunciou a frase "Eu nunca disse que ia fazer isso!"? Eu também.) Assim, a pergunta "Vamos esclarecer: a que exatamente você está dizendo Sim?" trará o comprometimento à luz. E se você perguntar "Como seria estar completamente comprometido com essa ideia?", colocará tudo em um foco ainda mais nítido.

Mas um Sim não é nada sem o Não que lhe dá limites e forma. Aliás, você está desvendando dois tipos de resposta Não aqui – o Não de Omissão e o Não de Comissão. O primeiro tipo se aplica às opções que são eliminadas no ato de dizer Sim. Se você diz Sim para uma reunião, está dizendo Não para outro evento que aconteça no mesmo horário. Perceber esse tipo de Não ajuda você a entender as implicações da decisão.

O segundo tipo de Não que você está desvendando – e que provavelmente levará a conversa a um nível mais profundo – é o que você então *precisa* enunciar para que o Sim aconteça. É muito fácil enfiar outro Sim no saco de nossas vidas superatarefadas, na esperança de que, em um passe de mágica, de alguma forma tudo se acomode. Esse segundo tipo de Não volta a atenção para o modo de criar o espaço e o foco, a energia e os recursos necessários para de fato pôr o Sim em ação.

Um **Sim** não é nada sem o **Não** que lhe dá limites e forma.

Você pode usar o Modelo 3P sobre o qual leu no capítulo da Pergunta de Arrancada para ter certeza de contemplar todos os aspectos.

Projetos
Quais projetos você precisará abandonar ou adiar?
De quais reuniões você não participará mais?
Quais recursos você precisa direcionar para o Sim?

Pessoas
Quais expectativas você precisa gerenciar?
De que dinâmica do triângulo do drama você vai se retirar?
Quais relacionamentos você deixará definhar?

Padrões
Quais hábitos você precisará romper?
Que velhas histórias ou ambições ultrapassadas você precisará atualizar?
Quais crenças sobre si mesmo você terá que abandonar?

Quando você deve dizer Não? (E quando deve dizer Sim?)

Perguntei à minha comunidade do LinkedIn quais motivos eles consideravam bons para dizer Sim ou Não e quais consideravam ruins.

Aqui estão algumas das respostas que obtive.

MÁS JUSTIFICATIVAS PARA DIZER...	BOAS JUSTIFICATIVAS PARA DIZER...
SIM Faço qualquer coisa para você desligar o telefone ou sair do escritório.	Fiquei curioso com a solicitação, fiz perguntas e a pessoa me deu respostas satisfatórias.
Sei que não vou fazer isso de verdade.	Estou ciente do que vou parar de fazer para poder começar isso.
Acho que isso vai fazer as pessoas gostarem de mim.	É um Trabalho Grandioso para mim – pois terá um impacto positivo, e isso significa muito.
Hábito.	
	Meu chefe deixou claro que isso não é negociável.
NÃO Eu não gosto da pessoa. (A menos que eu não goste *mesmo*.)	Fiquei curioso com a solicitação, fiz perguntas e a pessoa me deu respostas satisfatórias, então agora sei que não é algo adequado para mim.
Estou confortável e não quero que as coisas mudem.	
O ataque é a melhor forma de defesa.	Pensei sobre minhas prioridades e estou disposto a resistir à proposta.
Hábito.	
	Estou tentando construir uma reputação como alguém estratégico e ponderado.

Como dizer Não quando você não pode dizer Não (Parte 1)

Para a maioria de nós, existem dois grupos de pessoas para quem é mais fácil dizer Não: aquelas mais íntimas, como cônjuges e filhos, e as distantes – olá, operadores de telemarketing. Para todas as outras, é muito mais difícil negar algo e, para nossa infelicidade, todo mundo do trabalho tende a estar nesse grupo. Esse obstáculo é ainda maior porque, em muitas empresas, a resposta esperada é "Sim" ou, no mínimo, "Provavelmente".

Bill Jensen, autor do livro *Simplicidade*, me ensinou que o segredo para dizer Não era mudar o foco e aprender a não se apressar em dizer Sim. Segundo ele, o que nos deixa em apuros é nos comprometermos antes mesmo de entender qual é a tarefa e por que fomos escolhidos para realizá-la.

OUÇA COMO FUNCIONA
Acesse BoxOfCrayons.com/The-Coaching-Habit-Book/CH-Great-Work-Podcasts e ouça a entrevista de Bill Jensen com áudio original em inglês.

Dizer Sim com menos pressa significa estar disposto a se manter curioso antes de se comprometer. Isso quer dizer fazer mais perguntas:

- Por que você está pedindo a mim?
- A quem mais você pediu?
- O que exatamente você quis dizer com "É urgente"?
- Quais são os parâmetros para a execução disso? Até quando?
- Se eu não pudesse fazer tudo isso, apenas uma parte, qual você me pediria para fazer?
- O que você quer que eu tire da minha agenda para incluir isso no lugar?

Dizer Sim com menos pressa significa estar disposto a **se manter curioso antes de se comprometer.**

Estar disposto a se manter curioso provavelmente provocará um de quatro tipos de reação, três dos quais podem ser úteis.

A primeira reação possível – e a que não é útil – seria a pessoa lhe dizer que parasse com as perguntas incômodas e executasse o que foi solicitado. Dependendo da pessoa, da cultura da empresa e da urgência da tarefa, às vezes fica claro que é esperado que você faça o que lhe mandam.

A segunda reação seria a pessoa que fez o pedido ter boas respostas para todas as suas perguntas. Isso é ótimo para você, pois significa que a solicitação foi ponderada e ela não está pedindo apenas porque você existe e seu e-mail foi o primeiro que surgiu no campo de endereço.

Terceira: a pessoa não tem as respostas, mas pode estar disposta a encontrá-las. Isso é bom. No mínimo, você ganha tempo – e é bem possível que ela nunca volte a recorrer a você.

E, por fim, ela poderia dizer apenas: "Dá muito trabalho convencer você. Vou procurar alguém que diga Sim mais rápido."

Em um artigo de 2002 da *Harvard Business Review* – "Beware the Busy Manager" (Cuidado com o gerente ocupado) –, Heike Bruch e Sumantra Ghoshal sugeriram que apenas 10% dos gerentes conseguem manter o foco e a energia nas coisas que importam. Para ser franco, 10% parecem muito para mim. Mas é bem provável que você conheça alguém em sua empresa que seja capaz de "resistir" e impedir esse acúmulo de pequenas tarefas e responsabilidades adicionais que, para o restante de nós, acabam consumindo nossa vida. Essa pessoa pode não ser a mais querida da empresa – já que não costuma dizer "Sim, eu farei isso", como um Salvador do triângulo do drama, por mera necessidade de ser estimada –, mas ela tem toda a chance de ser bem-sucedida, sênior e respeitada.

E isso porque sabe dizer Sim mais devagar do que você.

Como dizer Não quando você não pode dizer Não (Parte 2)

É delicado recusar algo, porque na verdade você está dizendo Não a alguém. E, havendo pessoas, há a constrangedora possibilidade de frustrar esperanças, pisar em calos e decepcioná-las.

Um segredo usado por muitos facilitadores – e que vimos em um contexto diferente na discussão sobre o Coaching do Fantasma – é criar um "terceiro ponto", um objeto que você possa identificar como sendo aquilo ao que você está dizendo Não, em vez de dizê-lo à pessoa. Por exemplo, se você anotar a solicitação de alguém em um pedaço de papel, você pode apontar para ele e falar: "Receio que tenha que recusar isso", o que é um pouco melhor do que "Receio que tenha que dizer Não a você".

Diga Sim à pessoa, mas Não à tarefa.

OUÇA COMO FUNCIONA
Acesse BoxOfCrayons.com/The-Coaching-Habit-Book/CH--Great-Work-Podcasts e ouça a entrevista de Roger Martin com áudio original em inglês.

As outras cinco perguntas estratégicas

Existe um número espantoso de livros sobre estratégia, e você pode ignorar a maior parte deles. Se fosse para escolher um único trabalho sobre esse assunto, eu recomendaria *Jogar para vencer*, de A. G. Lafley e Roger Martin. Lafley foi o CEO da Procter & Gamble durante um período de grande sucesso da companhia (e foi tão bom que voltou depois), e Martin – ex--reitor da Escola de Administração Rotman da Universidade de Toronto e autor de sucesso – foi seu conselheiro de confiança. Eles dividem a estratégia em apenas cinco perguntas centrais que precisam ser respondidas – cinco questões que se aplicam a indivíduos, equipes e mesmo a corporações multibilionárias.

ESTAR EM UMA BUSCA NÃO É NEM MAIS NEM MENOS DO QUE **SE TORNAR ALGUÉM QUE FAZ PERGUNTAS.**

Sam Keen

Essas perguntas não são lineares: cada resposta influencia a seguinte e, provavelmente, a anterior. É o processo de trabalhá-las, indo e voltando, criando um alinhamento entre elas, que constitui a força desse processo. O general Eisenhower, ex-presidente dos Estados Unidos, disse: "Os planos são inúteis, mas o planejamento é indispensável", e a verdade sobre esse método é que ele nos obriga a um grande planejamento. Aqui estão as cinco perguntas:

- Qual é nossa aspiração vencedora? Enquadrar a escolha como "vencedora" exclui a mediocridade como opção. Se você quer vencer, precisa saber qual jogo fazer e com (e contra) quem. Que impacto você deseja ter no mundo?
- Onde vamos jogar? "Abraçar o mundo" raramente é uma atitude bem-sucedida. A escolha de um setor, geografia, produto, canal e cliente permite que você concentre seus recursos.
- Como vamos vencer? Que diferencial aumentará a distância entre vocês e os outros?
- Quais capacidades devem estar em ação? Não apenas o que você precisa fazer, mas como isso se tornará e permanecerá sendo uma força?
- Quais sistemas de gerenciamento são necessários? Avaliar é fácil. Difícil é descobrir o que vale ser avaliado.

A questão por trás dessas indagações é a nossa Pergunta Estratégica: "A que você estará dizendo Não ao dizer Sim a isto?" Martin e Lafley têm a seguinte abordagem: "Lembre-se de que estratégia diz respeito a escolhas vencedoras. É o conjunto coordenado e integrado de cinco opções muito específicas. Ao definir sua estratégia, aponte o que você fará e o que não fará."

Meg Whitman, CEO da HP (e tão fã de *Jogar para vencer* que fez todos os gerentes lerem o livro), afirma: esse processo "força as contrapartidas difíceis".

Construa aqui seu novo hábito

QUANDO ISTO ACONTECER...
Descreva o momento, a pessoa e talvez os sentimentos que funcionam como gatilho para você.

....
....
....
....
....
....
....
....

O gatilho aqui é quando você vê que alguém está prestes a passar de "sob pressão" para "sob muita pressão" por acrescentar responsabilidades à própria lista. Ou quando alguém se acovarda, não faz escolhas e complica tudo ainda mais por só dizer Sim. Ou quando o ritmo do trabalho está acelerado e você percebe o escopo dos projetos crescerem ou serem alterados sem parar. Em resumo: sempre que alguém está tomando a decisão de se comprometer com algo novo.

EM VEZ DE...
Descreva o velho hábito que você deseja mudar. Seja específico. No caso desta pergunta, poderia ter algo a ver com domar seu Monstro do Conselho.

....
....
....
....
....
....

O "em vez de..." é quando você acha que você e sua equipe podem desafiar as leis da física e continuar acrescentando tarefas às suas capacidades. É quando você se vê no modo Salvador (no qual diz Sim para tudo a fim de manter as pessoas felizes) ou no modo Vítima (quando sente que não tem escolha a não ser dizer Sim) e quer sair disso.

EU VOU...
Descreva o novo hábito.

....
....
....
....
....
....

Em vez de correr para se pôr em ação e em risco de sobrecarga, pergunte: "A que você vai dizer Não para que este Sim seja para valer?"

> **VEJA COMO FUNCIONA**
> Se deseja melhorar sua estratégia, assista ao vídeo em inglês *Rapid-Fire Strategic Thinking Planning & Doing* (Planejamento e execução rápidos do pensamento estratégico). A Pergunta Estratégica será um ótimo ponto de partida. Para se aprofundar, compartilhamos uma ferramenta de planejamento estratégico de uma página que dará novo foco e rigor a seus planos.
> Assista também ao vídeo em inglês *How to Say No When You Can't Say No* (Como dizer Não quando você não pode dizer Não). Dizer Não é complicado, principalmente quando o Sim é sempre a resposta esperada em sua empresa. Aqui você encontrará estratégias para desenvolver seu músculo do Não.
> Acesse: TheCoachingHabit.com/videos

● ● ●

DO LABORATÓRIO DA BOX OF CRAYONS

Daniel Kahneman foi o ganhador do prêmio Nobel de Economia de 2002 por seu trabalho sobre a psicologia do julgamento, a tomada de decisões e o campo mais comumente chamado de economia comportamental. Ele também é conhecido por seu livro *Rápido e devagar: duas formas de pensar*, que explica que temos dois processos de tomada de decisão: um rápido e instintivo e outro mais lento e racional. A abordagem do pensamento rápido é muito boa e precisa – exceto quando dá errado, e nesse caso nossos vários vieses cognitivos levam a tomadas de decisão muito ruins. A Pergunta Estratégica pode nos ajudar a evitar pelo menos dois desses vieses.

O primeiro viés é a *falácia do planejamento*, que representa nossa péssima habilidade em avaliar quanto tempo levaremos para concluir determinada tarefa. Ela se deve a uma combinação de duas condições: superestimar nossas habilidades e, para piorar, subestimar o grau em que as estamos superestimando. Achamos que podemos fazer mais do que podemos de fato. A Pergunta Estratégica nos ajuda a ser mais realistas.

O segundo viés, conhecido como *teoria da perspectiva*, diz que perda e ganho não são medidos igualmente. Por exemplo: a sensação ruim de perder 100 dólares é maior do que a sensação positiva de ganhar 100 dólares. A consequência desse viés é que supervalorizamos o que temos e não queremos perdê-lo. Fazer a Pergunta Estratégica lança luz sobre aquilo a que nos agarramos, de modo que possamos avaliar melhor o que vale a pena manter e o que precisa ser abandonado.

Masterclass de Perguntas Parte 7

Demonstre que ouviu a resposta

A música "Call Me Maybe", de Carly Rae Jepsen, fez grande sucesso em 2012. O clipe (com sua incrível reviravolta no final) tem mais de 1,6 bilhão de visualizações no YouTube. Ela também é um dos exemplos mais recentes de uma forma muito antiga de canção, em que, numa estrutura de chamado e resposta, dois músicos parecem estabelecer um diálogo. Carly Rae canta "Hey, I just met you" (Ei, acabei de te conhecer) e a música responde com o som dos violinos. Carly Rae canta de novo, "And this is crazy" (E isso é loucura), e novamente a música responde. Esse padrão remonta às raízes do folk e do blues, passando por clássicos como "Mannish Boy", de Muddy Waters.

Você está ciente do Monstro do Conselho e se mantém concentrado nas perguntas, em vez de correr para oferecer conselhos e sugestões. Muito bem. Agora aplique a estrutura de chamado e resposta. Lembre-se de *demonstrar que ouviu as respostas* do seu interlocutor antes de pular para o próximo "O que mais?".

Não se trata de julgar as pessoas, **mas de incentivá-las.**

Você não precisa dizer muito. Não se trata de julgar as pessoas, mas de incentivá-las e certificar-se de que elas sabem que foram ouvidas com atenção.

Algumas das minhas expressões preferidas para confirmar o que ouvi:

FANTÁSTICO.	GOSTEI.	MUITO BOM.
ÓTIMO.	SIM, ISSO É BOM.	UHUM.

Aposto que você também tem as suas. O que você acrescentaria a essa lista?

Eis seu novo hábito

QUANDO ISTO ACONTECER...
A pessoa responder a uma pergunta que fiz...

EM VEZ DE...
Correr para a pergunta seguinte...

EU VOU...
Deixar claro que ouvi a respostas, dizendo: "Sim, isso é bom."

1 **A Pergunta de Arrancada**
No que você está pensando?

2 **A Pergunta OQM**
O que mais?

3 **A Pergunta do Foco**
Qual é o verdadeiro desafio para você?

4 **A Pergunta de Base**
O que você quer?

5 **A Pergunta Preguiçosa**
Como posso ajudar?

6 **A Pergunta Estratégica**
Ao dizer Sim a isto, a que você estará dizendo Não?

7 A Pergunta do Aprendizado

7: A Pergunta do Aprendizado

O capítulo que revela como encerrar qualquer conversa de um modo que faça você **parecer um gênio.**

Como as pessoas aprendem

Como gerente e líder, você quer que as pessoas façam o trabalho. Mas não é só isso; você quer mais. Quer que aprendam para que se tornem mais competentes, autossuficientes e bem-sucedidas. O bom é que elas também querem isso.

No entanto, ajudar as pessoas a aprender é difícil. Às vezes parece que, mesmo que você as acerte na cabeça repetidamente com um conceito óbvio (ou, quem sabe, com uma marreta), de alguma forma elas não retêm o que você está tentando demonstrar. Eis o porquê:

As pessoas não aprendem de verdade quando você lhes diz algo.

Elas não aprendem nem quando fazem determinada coisa.

Só começam a aprender, a criar novos caminhos neurais, quando têm a chance de lembrar e refletir sobre o que aconteceu.

A Pergunta do Aprendizado: "O que foi mais útil para você?"

O acadêmico Chris Argyris cunhou a expressão "aprendizagem em circuito duplo" há mais de 40 anos para ilustrar esse processo. O primeiro circuito representa a tentativa de corrigir um problema, o segundo se refere a criar um momento de aprendizado a respeito do problema em questão. É no segundo circuito que as pessoas se distanciam o suficiente para ter insights. Novas conexões são feitas. A ficha cai.

Seu trabalho como gerente e líder é ajudar a criar espaço para que as pessoas tenham esses momentos de aprendizado. E, para isso, você precisa de uma pergunta que suscite a aprendizagem em circuito duplo. Essa pergunta é: "O que foi mais útil para você?"

A neurociência da aprendizagem

Se você passa algum tempo em ambientes de aprendizagem e desenvolvimento, sabe que uma das maiores frustrações que paira sobre eles é a baixa taxa de retenção do conteúdo. É muito comum que a maioria das pessoas esqueça quase tudo assim que sai da sala de treinamento. Uma semana depois, até o ponto principal e os insights apresentados com tanta diligência se tornam ecos vagos e distantes. Você provavelmente já viveu essa mesma experiência como aluno por um ou dois dias, para mais tarde perceber que a matéria apresentada passou por você quase sem deixar rastros.

Entretanto, graças às contribuições da neurociência e da psicologia, sabemos como tornar a experiência da aprendizagem mais bem-sucedida.

Seu trabalho é **criar espaço** para esses momentos de aprendizado.

Josh Davis e seus colegas do NeuroLeadership Institute criaram o modelo AGES para explicar os quatro principais impulsionadores neurológicos da memória de longo prazo: **Atenção, Geração, Emoção e Espaçamento** (*Spacing*, em inglês). O que nos interessa aqui é a Geração, que consiste no "ato de criar (e compartilhar) as próprias conexões com ideias novas. Quando dedicamos tempo e esforço para gerar conhecimento e encontrar uma resposta, em vez de apenas lê-la, a retenção na memória aumenta".

É por isso que o valor dos conselhos é superestimado. Qualquer coisa que eu disser terá chance limitada de alcançar o hipocampo – a região que codifica a memória – no cérebro do ouvinte. Contudo, se eu puder fazer uma pergunta e a própria pessoa gerar a resposta, as chances de que a informação chegue lá aumentam substancialmente.

"Para aprender, recupere"

Uma abordagem afim vem da psicologia e, em particular, do excelente livro *Fixe o conhecimento: a ciência da aprendizagem bem-sucedida*, de Peter Brown, Henry Roediger e Mark McDaniel. Os autores são renomados professores de psicologia e, juntos, criaram um resumo prático das melhores estratégias para ajudar as pessoas a aprender. A primeira tática que eles compartilham é lançar mão da recuperação de informações. "O essencial é interromper o processo do esquecimento", explicam eles. Esse esquecimento começa a acontecer de imediato: então, com o simples ato de fazer a pergunta ao fim de uma conversa, você cria a primeira contenção no deslizamento que leva a "Nunca ouvi isso antes!".

E, se quiser melhorar o resultado, encontre maneiras de alocar perguntas em outros pontos da conversa também. Os autores dizem: "A reflexão é uma forma de prática"; crie esses momentos e você conseguirá seguir a Prática Profunda criada por Dan Coyle. Uma opção é indagar logo no início da reunião de equipe ou individual: "O que você aprendeu desde a última vez que nos encontramos?" Um dos hábitos que eu (quase sempre) sigo no fim do dia é usar um aplicativo chamado iDoneThis e, em vez de apenas anotar o que fiz naquele dia, escrevo uma frase ou duas sobre o que aprendi e o que mais me orgulho de ter feito.

Por que "O que foi mais útil para você?" encabeça a lista

Há várias perguntas que podem ser feitas para ajudar a estimular esse processo de geração e recuperação no reforço do aprendizado. "O que você aprendeu?", "Qual foi o insight principal?", "O que você deseja lembrar?" e "O que é importante captar?" são algumas das formas mais óbvias de ajudar as pessoas que se encontram nesse processo, e todas são bons questionamentos.

Mas "O que foi mais útil para você?" é como um superalimento, uma couve, em relação às outras perguntas, meras alfaces. "O que foi mais útil?" ajuda a alcançar o objetivo de pelo menos seis maneiras.

Estabelece que a conversa foi útil

Winston Churchill certa vez disse que as pessoas "ocasionalmente tropeçam na verdade, mas a maioria delas se levanta e sai correndo como se nada tivesse acontecido". O mesmo acontece com as conversas que você tem com as pessoas à sua volta. Há sabedoria nelas, mas você só a encontrará caso se demore por um momento para dar uma olhada. A Pergunta do Aprendizado classifica o que acabou de acontecer como algo útil e providencia um momento para descobrirmos o que é.

Pede que as pessoas identifiquem o aspecto importante que foi mais útil

Menos, e não mais, costuma ser melhor quando se trata de feedback. Se você listar uma dúzia de coisas que poderia ser melhorada, quem está recebendo o feedback entrará no modo sobrecarga.

O mais eficaz é encontrar o aspecto que mais vale a pena lembrar. Isso leva a pessoa a se concentrar em um ou dois tópicos da conversa, os principais.

Torna a questão pessoal

Adicionar "para você" à pergunta faz com que ela passe do abstrato para o pessoal, do objetivo para o subjetivo. Agora você está ajudando as pessoas a criar novos caminhos neurais.

E, claro, em vez de você dizer às pessoas o que acha que deveria ser mais útil em seu aprendizado, elas mesmas decidem, o que sempre parecerá melhor.

Gera feedback para você

Ouça a resposta que você obtém, porque ela é tão útil para quem recebe o coaching quanto para você. Ela o orientará em relação ao que fazer mais na próxima vez, e isso irá tranquilizá-lo (se precisar), assegurando-o de que você está sendo útil mesmo que faça perguntas em vez de oferecer conselhos.

VIVEMOS NO MUNDO QUE **NOSSAS QUESTÕES CRIAM.**

David Cooperrider

É aprendizado, não julgamento

Perceba que a pergunta não é: "Isso foi útil?" Esse enunciado pediria Sim ou Não como resposta e não leva a insights, apenas a julgamento. "O que foi mais útil?" força as pessoas a extrair valor da conversa.

Lembra às pessoas quanto você é útil para elas

Chega o momento da avaliação anual de desempenho e um funcionário se encontra olhando fixamente para o questionário, o cursor pairando na parte superior da avaliação. "Meu gerente é útil?" é a pergunta que ele responde naquele instante. E, revendo o ano anterior, ele fica impressionado com o fato de que todas as conversas com você se mostraram úteis. Nota máxima.

Os Suportes do Coaching: como começar rápido e terminar de forma marcante

Com a Pergunta do Aprendizado, você completa o par que funciona como suporte de livros na estante do coaching.

Comece com a Pergunta de Arrancada: "No que você está pensando?"

Isso o levará direto a uma conversa relevante, em vez de ficar dando voltas por conversas fiadas ou perdendo tempo com dados que mais distraem do que são relevantes.

Enquanto procura encerrar a conversa, antes que todos saiam, faça a Pergunta do Aprendizado: "O que foi mais útil para você nesta conversa?"

Respondê-la destaca o que foi proveitoso, compartilha a sabedoria e reforça o aprendizado. Se você quer enriquecer a conversa e construir relacionamentos mais fortes, diga também às pessoas o que você considerou mais útil. Essa igualdade na troca de informações fortalece o contrato social.

Construa aqui seu novo hábito

QUANDO ISTO ACONTECER...
Descreva o momento, a pessoa e talvez os sentimentos que funcionam como gatilho para você.

....
....
....
....

Essa pergunta é a segunda parte dos Suportes do Coaching, portanto o momento do gatilho ocorre no final de uma troca – feita pessoal ou virtualmente – com um membro da equipe, um colega, seu chefe. Em uma reunião de equipe, depois de fazer um discurso, ao conversar com um cliente antigo ou em potencial. Quando você pensar "Bem, acabamos!", esta é a hora.

EM VEZ DE...
Descreva o velho hábito que você deseja mudar. Seja específico.

....
....
....
....

A indicação cênica mais conhecida de todos os tempos está na peça *O conto de inverno*, de Shakespeare: "Sai, perseguido por um urso." É assim que a maioria das conversas parece terminar. Em vez de fazer a Pergunta do Aprendizado, você encerra, diz às pessoas quanto elas são maravilhosas, verifica sua lista de tarefas ou se preocupa com o compromisso seguinte, porque esse demorou tanto que agora você está atrasado. O "em vez de..." é qualquer ação que deixa a compreensão escapar sem extrair seu valor.

EU VOU...
Descreva o novo hábito.

....
....
....

Você sabe. "Então, o que foi mais útil para você?", "O que você achou mais valioso neste bate-papo?", "O que funcionou melhor aqui?" ou alguma variação que leve as pessoas a elaborar o valor e o aprendizado.

VEJA COMO FUNCIONA
Assista ao vídeo em inglês *Make It Sticky* (Faça "pegar"), no qual definimos estratégias para tornar qualquer interação mais útil ao ajudar os participantes a se lembrarem de coisas positivas. Acesse: TheCoachingHabit.com/videos

• • •
DO LABORATÓRIO DA BOX OF CRAYONS

Neste capítulo, apresentei parte do que a ciência já descobriu sobre como incrementar a recuperação da informação. Assim, pedi à nossa pesquisadora, Lindsay, que encontrasse algo novo e interessante sobre o porquê de a Pergunta do Aprendizado funcionar tão bem. Lindsay me levou para um assunto inesperado: colonoscopias.

O dado a seguir vem de mais pesquisas de Daniel Kahneman, desta vez sobre a *regra do pico-fim*. Para resumi-la, podemos dizer que a maneira como avaliamos uma experiência é influenciada pelo pico/alta (ou pelo vale/baixa) do que acontece ao longo dela e por seus momentos finais. Finalize "em alta" e você fará tudo o que aconteceu antes parecer melhor.

Essa teoria foi testada de várias maneiras, e a mais visceral delas incluiu a colonoscopia. Em um estudo, alguns pacientes foram submetidos a colonoscopias tradicionais, enquanto outros passaram por procedimentos modificados. Pacientes cujas cirurgias foram prolongadas em aproximadamente um minuto, mas que experimentaram menos dor nos momentos finais, lembraram-se 10% a menos da dor e classificaram a operação como menos desagradável se comparada com uma lista de outras experiências dolorosas. Esses pacientes também tiveram probabilidade 10% maior de retornar à clínica para fazer acompanhamento.

"O que foi mais útil para você?" é um jeito forte e positivo de terminar uma conversa. Além de ajudar as pessoas a enxergarem e incorporarem o aprendizado do que foi dito, ao terminar com um tom de "isso *foi* útil", você as faz se lembrarem da experiência de forma mais favorável.

1 A Pergunta de Arrancada
No que você está pensando?

2 A Pergunta OQM
O que mais?

3 A Pergunta do Foco
Qual é o verdadeiro desafio para você?

4 A Pergunta de Base
O que você quer?

5 A Pergunta Preguiçosa
Como posso ajudar?

6 A Pergunta Estratégica
Ao dizer Sim a isto, a que você estará dizendo Não?

7 A Pergunta do Aprendizado
O que foi mais útil para você?

Masterclass de Perguntas Parte 8

Use todo canal para **fazer uma pergunta**

Estamos no fim do livro, portanto sei que você já captou a mensagem. Você vai mudar a maneira como conversa com as pessoas que gerencia, influencia e com quem interage. Vai se manter curioso, controlar o Monstro do Conselho e ajudar as pessoas a descobrirem os próprios caminhos, tudo isso enquanto compartilha seus conselhos e sua sabedoria na dose e no momento certos.

No entanto, um tempo cada vez maior da nossa vida é gasto fitando uma tela, digitando sem parar em teclados enquanto trocamos e-mails, mensagens de texto, tuítes, atualizações no Facebook e [insira os nomes dos outros 329 canais eletrônicos que você costuma usar de uma forma ou de outra].

E as Sete Perguntas Essenciais funcionam tão bem nesses canais de comunicação quanto nas interações cara a cara.

O significado disso pode ser radical para você. Quando receber aquele e-mail longo e cheio de divagações, estará preparado. Enquanto no passado você suspiraria, arregaçaria as mangas mentalmente e começaria a digitar sua longa resposta e rica em conselhos, agora você pode apenas usar uma ou mais dessas perguntas para ir direto ao que interessa e perder menos tempo em sua caixa de entrada.

Perguntas **digitadas** funcionam tão bem quanto as que são faladas.

Eis seu novo hábito

QUANDO ISTO ACONTECER...
Quando eu receber um e-mail que instigue o Monstro do Conselho...

EM VEZ DE...
Escrever uma resposta longa e abrangente, cheia de possíveis soluções, abordagens e ideias ou mesmo uma resposta curta e sucinta com uma única ordem...

EU VOU...
Decidir qual das Sete Perguntas Essenciais é mais apropriada e fazer essa pergunta por e-mail. Pode ser algo como:

"Uau, tem muita coisa acontecendo. Qual você acha que é o verdadeiro desafio para você?"

"Antes de eu responder de forma mais detalhada, deixe-me perguntar: qual é o verdadeiro desafio para você?"

Conclusão

O aventureiro. Só que não.

Quando estava na universidade, na Austrália, eu ainda não havia aceitado completamente meu destino na cidade.

Agora sei que sou um cara urbano. Tenho as mãos macias de um digitador e nem um único gene para "faça você mesmo" ou "seja aventureiro".

Naquela época, porém, eu achava que talvez ainda pudesse evoluir para aquele homem estilo Jason Bourne, o tipo que tem 1% de gordura corporal e pode sobreviver em um ambiente inóspito por três semanas usando apenas três galhos e um punhado de folhas.

Nesse espírito, planejei uma caminhada sozinho que duraria três dias. Eu já havia feito trilhas, então não era de todo ignorante em relação ao que me aguardava. E, 10 anos antes, eu tinha recebido meu distintivo de escoteiro por saber dar nós. Que dificuldade essa aventura poderia apresentar?

Pesado

A balança dizia 18 quilos, mas na verdade minha mochila parecia bem mais pesada. Eu sabia que cerca de 90% desse peso se devia ao kit de primeiros socorros. Eu estava um tanto receoso de me machucar, então levava remédios para todos os tipos de desafios médicos – de picada de cobra a ferimentos causados pela queda de um raio.

No entanto, após uma viagem de três horas de carro, estava me sentindo bem no início da trilha que ia percorrer. O tempo estava bom e prometia se manter assim. Havia alguns outros carros no estacionamento, então eu não ficaria totalmente desamparado. E, tendo feito minhas pesquisas, sabia que aquela não era uma trilha difícil. Seriam só três dias percorrendo-a sozinho.

A trilha começou limpa e ampla, mas logo se estreitou. Passados 20 minutos, desapareceu. Eu só conseguia distinguir o caminho à frente ficando atento à relva que batia na altura dos meus joelhos, pois alguém tinha dado nós nela a intervalos irregulares para marcar o trajeto. Um pouco depois, até o mato amarrado sumiu.

Sinceramente, eu fiquei confuso. O mapa indicava um caminho largo e óbvio montanha acima, mas estava errado. Eu não estava subindo: caminhava em terreno plano, e não percorria o que se poderia chamar de caminho – era uma trilha quase imperceptível e... ah.

Eu estava perdido.

Para a frente ou para trás?

Havia duas formas de seguir a partir de onde eu me encontrava. Bem, uma delas não era para a frente – era tentar voltar por onde eu viera. Obviamente, sendo teimoso, considerei essa opção inaceitável.

A rota que restava – ousada, corajosa e direta, um pouco como eu – significaria me virar e seguir na direção da montanha. Se fizesse isso, acabaria cruzando com a trilha original.

Não tenho muitas lembranças dessa escalada. Apenas lampejos. De me equilibrar perigosamente nas pedras cobertas de musgo da cachoeira. De tentar transpor os arbustos impenetráveis, me arrastando de barriga e empurrando a mochila na minha frente. De recuar dos arbustos impenetráveis ainda engatinhando e puxando a mochila comigo de volta. A sensação crescente de mau presságio, pânico e solidão.

Por fim, arranhado, machucado e exausto, encontrei a trilha. Era tão larga e tão óbvia quanto o mapa indicava. Fazia pouco mais de sete horas que eu deixara o carro e já estava arrebentado. Decidi armar a barraca para passar a noite. Certo, eu estava acampando um pouco cedo, mas precisava me recuperar e me organizar.

Com o chá fervendo na fogueira, avistei um homem que se aproximava, vindo da direção do estacionamento. Ele parecia descansado. Eu o chamei. Não querendo falar sobre a minha experiência, voltei a conversa para como ele estava se saindo na caminhada até aquele momento.

Era difícil dizer, ele respondeu. Estava andando fazia apenas 15 minutos.

O que essa história tem a ver com o hábito do coaching?

Já fui gerente e já fui subordinado a gerentes. Fui coach de gerentes e treinei gerentes para agirem mais como coaches. Na minha experiência, muitas conversas entre gerentes e as pessoas que eles lideram se parecem com a minha malfadada trilha pelo Parque Nacional de Budawang:

- Levar bagagem demais;
- Ter excesso de confiança: acreditar que conhece o destino e sabe o caminho para chegar lá;
- Desviar rápido demais do caminho;
- Esforçar-se demais para voltar ao caminho;
- Acabar exausto e tendo avançado muito menos do que o esperado.

Se essa descrição lhe parece familiar, então construir um hábito de coaching só lhe trará benefícios. Segundo minhas conclusões, as perguntas neste livro são as que mais funcionam. Se você conseguir tornar as Sete Perguntas Essenciais parte do seu repertório gerencial e de suas conversas cotidianas, vai trabalhar menos e gerar mais impacto positivo – e sua equipe, seu chefe, sua carreira e sua vida pessoal agradecerão por isso.

Porém, o verdadeiro ingrediente secreto aqui é criar o hábito da curiosidade. A mudança de comportamento que vai ser mais útil a você é esta: um pouco menos de conselhos, um pouco mais de curiosidade. Encontre suas perguntas, encontre a própria voz. E, acima de tudo, construa o hábito do coaching.

Um tesouro fabuloso

Nossa série de vídeos "My One Best Question"

Você conhece minhas sete perguntas favoritas. Mas existem outras ótimas indagações que são as preferidas de outras pessoas.

Pedimos a líderes empresariais, coaches executivos, autores brilhantes e formadores de opinião provocativos que compartilhassem conosco sua melhor pergunta por vídeo, como parte do projeto "My One Best Question" (Minha melhor pergunta).

A lista de colaboradores inclui autores best-sellers e formadores de opinião como Bev Kaye, Pam Slim, Michael Port, Jim Kouzes, Les McKeown, Lisa Bodell, Warren Berger e Teresa Amabile, bem como altos executivos de organizações como UBS, TELUS, Toys'R'Us, BBDO, Adobe, IHG e T-Mobile.

Você pode ver todos os episódios em: boxofcrayons.com/category/best-question

Meus livros de gerenciamento da prateleira superior

Se você é fã de um bom coquetel como eu – mande um e-mail para cocktail@boxofcrayons.com se quiser uma excelente receita de marguerita de lavanda –, sabe que a prateleira superior de qualquer bar é onde eles guardam as "coisas boas".

Eu leio mais de uma centena de livros de negócios por ano, e faço isso há um bom tempo. No entanto, o espaço na minha estante é limitado, o que significa que, se eu quiser guardar um livro, tenho que me desapegar de outro. É uma estratégia implacável, mas significa que sou obstinado em relação a quais livros acho que podem ajudá-lo a alcançar sua melhor forma, ter uma boa vida e fazer mais Trabalhos Grandiosos: aqueles que geram impacto positivo, que têm significado e que fazem a diferença.

A seguir, compartilho minha "prateleira superior". Você pode ver (e encomendar) a maior parte dessas obras em inglês em BoxOfCrayons.com/The-Coaching-Habit-Book/Bookshelf, bem como outros dos meus livros favoritos.

OUÇA COMO FUNCIONA
Acesse BoxOfCrayons.com/The-Coaching-Habit-Book/CH--Great-Work-Podcasts e ouça as entrevistas de Dan Pink, Charles Duhigg, Dan Siegel e Seth Godin com áudio original em inglês.

Autogestão

Sobre motivação – sua e de outros:
Daniel H. Pink, *Motivação 3.0: os novos fatores motivacionais para a realização pessoal e profissional*

Sobre a construção de novos hábitos:
Charles Duhigg, *O poder do hábito: por que fazemos o que fazemos na vida e nos negócios*

Sobre a aplicação da neurociência à mudança pessoal:
Daniel J. Siegel, *O poder da visão mental: o caminho para o bem-estar*

Sobre mudanças pessoais profundas:
Lisa Laskow Lahey e Robert Kegan, *Imunidade à mudança: libere seu potencial de desenvolvimento e faça sua equipe e sua empresa crescerem*

Sobre resiliência:
Seth Godin, *O melhor do mundo: saiba quando insistir e quando desistir*

OUÇA COMO FUNCIONA
Acesse BoxOfCrayons.com/The-Coaching-Habit-Book/CH-Great-Work-Podcasts e ouça as entrevistas de Frederic Laloux, Dan Pontefract e Jerry Sternin com áudio original em inglês.

Mudança organizacional
Sobre como a mudança organizacional funciona de verdade:
Chip e Dan Heath, *A guinada: maneiras simples de operar grandes transformações*

Se puder ler apenas dois livros sobre compreender que a mudança é um sistema complexo:
Frederic Laloux, *Reinventando as organizações: um guia para criar organizações inspiradas no próximo estágio da consciência humana*
Dan Pontefract, *Flat Army: Creating a Connected and Engaged Organization*

Sobre o uso da estrutura para mudar comportamentos:
Atul Gawande, *Checklist: como fazer as coisas bem-feitas*

Sobre como amplificar o bem:
Richard Pascale, Jerry Sternin e Monique Sternin, *O poder do desvio positivo: como inovadores improváveis solucionam os problemas mais difíceis do mundo*

Sobre como aumentar seu impacto dentro das organizações:
Peter Block, *Consultoria infalível: um guia prático, inspirador e estratégico*

OUÇA COMO FUNCIONA
Acesse BoxOfCrayons.com/The-Coaching-Habit-Book/CH-
-Great-Work-Podcasts e ouça as entrevistas de Roger Martin, Bob Sutton e Warren Berger com áudio original em inglês.

Outras coisas legais

Sobre ser estratégico:
A. G. Lafley e Roger Martin, *Jogar para vencer: como a estratégia realmente funciona*

Sobre como gerar mais impacto:
Robert Sutton e Huggy Rao, *Potencializando a excelência: como escalonar práticas exemplares para ter melhor desempenho*

Sobre ser mais útil:
Edgar H. Schein, *Ajuda: a relação essencial*

Se puder ler apenas dois livros sobre as grandes perguntas:
Warren Berger, *Uma pergunta mais bonita: as perguntas dos criadores de Airbnb, Netflix e Google*
Dorothy Strachan, *Making Questions Work: a Guide to How and What to Ask for Facilitators, Consultants, Managers, Coaches and Educators*

Sobre criar um aprendizado que fica:
Peter Brown, Henry Roediger e Mark McDaniel, *Fixe o conhecimento: a ciência da aprendizagem bem-sucedida*

Sobre por que você deve apreciar e se maravilhar com cada dia, cada momento:
Bill Bryson, *Breve história de quase tudo: do* big-bang *ao* Homo sapiens

Se puder ler apenas um livro que salva vidas ao mesmo tempo que aumenta seu impacto:
Michael Bungay Stanier (org.), *End Malaria*
(Todo o dinheiro vai para a organização sem fins lucrativos Malaria No More.)

Do laboratório da Box of Crayons: nossas fontes

Se quiser se aprofundar na ciência por trás das perguntas, aqui estão as fontes que Lindsay usou em suas pesquisas:

"No que você está pensando?"
WEAVER, S. M.; ARRINGTON, C. M. "What's on Your Mind: The Influence of the Contents of Working Memory on Choice". *Quarterly Journal of Experimental Psychology*, n. 63, v. 4, 2010, p. 726-737.

"O que mais?"
EVANS, Angela D.; LEE, Kang. "Emergence of Lying in Very Young Children". *Developmental Psychology*, n. 49, v. 10, 2013, p. 1.958-1.963.
GILSON, Cindy M.; LITTLE, C. A.; RUEGG, A. N.; BRUCE-DAVIS, M. "An Investigation of Elementary Teachers' Use of Follow-up Questions for Students at Different Reading Levels". *Journal of Advanced Academics*, n. 25, v. 2, 2014, p. 101-128.
LOWE, M. L.; CRAWFORD, C. C. "First Impression Versus Second Thought in True-False Tests". *Journal of Educational Psychology*, n. 20, v. 3, 1929, p. 192-195.

"Qual é o verdadeiro desafio para você?"
D'AILLY, H. H.; SIMPSON, J.; MACKINNON, G. E. "Where Should 'You' Go in a Math Compare Problem?" *Journal of Educational Psychology*, n. 89, v. 3, 1997, p. 562-567.

"O que você quer?"
WEATHERALL, A.; GIBSON, M. "'I'm Going to Ask You a Very Strange Question': a Conversation Analytic Case Study of

the Miracle Technique in Solution-Based Therapy". *Qualitative Research in Psychology*, n. 12, v. 2, 2015, p. 162-181.

"Como posso ajudar?"
HERITAGE, J.; ROBINSON, J. D. "The Structure of Patients' Presenting Concerns: Physicians' Opening Questions". *Health Communication*, n. 19, v. 2, 2006, p. 89-102.

_____. "Physicians' Opening Questions and Patients' Satisfaction". *Patient Education and Counseling*, n. 60, v. 3, 2006, p. 279-285.

"Ao dizer Sim a isto, a que você estará dizendo Não?"
KAHNEMAN, D.; TVERSKY, A. "On the Psychology of Prediction". *Psychological Review*, n. 80, v. 4, 1973, p. 237-251.

_____. "Prospect Theory: an Analysis of Decision under Risk". *In* MOSER, P. K. (ed.) *Rationality in Action: Contemporary Approaches*. Nova York: Cambridge University Press, 1990, p. 140-170.

"O que foi mais útil para você?"
REDELMEIER, Donald A.; KATZ, Joel; KAHNEMAN, Daniel. "Memories of Colonoscopy: a Randomized Trial". *Pain*, n. 104, 2003, p. 187-194.

Agradecimentos

Escrever uma página de agradecimentos é uma tarefa tensa. De repente você percebe duas coisas – primeira: quantas pessoas o ajudaram a cruzar a linha de chegada; e segunda: quanto sua memória é falível. Tenho certeza de que vou esquecer alguém que não deveria ser esquecido. Se você é essa pessoa, peço desculpas.

Levei mais de quatro anos para escrever este livro e, nesse período, escrevi três versões dele que não eram boas. Nada boas. Assim, a aplicabilidade e a elegância desta versão final se devem ao estímulo, entusiasmo e talento de um grupo bem grande de pessoas.

Entre os leitores das várias versões ruins do livro que me ofereceram seu apoio estão Jill Murphy, Kate Lye, Jen Louden, Pam Slim, Michael Leckie, Karen Wright, Eric Klein, Molly Gordon, Mark Silver, Venita Indewey e Gus Stanier – todos me encorajaram a continuar ao mesmo tempo que me afastavam da mediocridade. Suzie Bolotin e Bruce Tracy, da Workman, recusaram as versões anteriores, o que se mostrou uma atitude sábia. Lindsay Miller e Elizabeth Woodworth me ajudaram a fundamentar o trabalho com uma pesquisa perspicaz.

Contei com uma equipe editorial e de design fantástica. Catherine Oliver, da Oliver Editorial Services, me impediu de usar tantas reticências... e Letras Maiúsculas... e muito mais. Ela moldou a versão final deste original depois de três rodadas de edição – indo das grandes alterações aos pequenos ajustes, passando pelas correções básicas (e obrigado, Seth, pela indicação). Judy Phillips emprestou seu olho de águia à revisão. Jesse Finkelstein e Megan Jones, da Page Two, minhas consultoras editoriais, nos ajudaram a transitar pelo cenário da autopublicação como profissionais experientes. E Peter Cocking projetou um livro cujo design tem elegância e estilo, um livro que amo olhar e me causa boas sensações, não apenas pelo conteúdo. Meu parceiro de conspiração, Mark Bowden, sugeriu o subtítulo perfeito para a obra.

A Box of Crayons tem uma extraordinária equipe com a qual temos a sorte de contar para nos ajudar a deixar nossa marca no universo. Obrigado a Charlotte Riley, Denise Aday, Ana Garza-Robillard, Peter Hatch, Sonia Gaballa, Sylvana La Selva, Ernest Oriente, Rona Birenbaum, Warren McCann e Frank Merran. Em especial, tiro o chapéu para Robert Kabwe, da Poplogik, que ajudou a criar o design deste livro, e para Stan McGee, que ajudou a planejar e executar o marketing do lançamento.

A Box of Crayons é especializada em ajudar gerentes atarefados a fazer sessões de coaching de 10 minutos ou menos, e nossos programas são ministrados por um grupo maravilhoso de facilitadores. Obrigado ao nosso atual corpo docente: Lea Belair, Helene Bellerose, Jamie Broughton, Tina Dias, Jonathan Hill, Leanne Lewis e Susan Lynne. Você pode saber mais sobre cada uma dessas pessoas incríveis no site BoxOfCrayons.com.

Alguém já disse que por trás de todo homem bem-sucedido há uma mulher surpresa. Marcella Bungay Stanier, vice-presidente de Tudo o Mais para mim, e Marlene Eldemire, diretora da nossa filial internacional, são essas mulheres no meu caso. Obrigado a ambas por seu apoio, amor e incentivo.

Para saber mais sobre os títulos e autores
da Editora Sextante, visite o nosso site.
Além de informações sobre os próximos lançamentos,
você terá acesso a conteúdos exclusivos
e poderá participar de promoções e sorteios.

sextante.com.br